LUZ DE LOS
Ángeles

KATHERINE ANDARCIA

«Es el llamado que los Ángeles hacen a la humanidad
para que aprendamos a vivir desde el corazón»...

Katherine Andarcia

Título original: LUZ DE LOS ÁNGELES
© 2016, TriAltea USA LLC

De esta edición:
Derechos reservados
© TriAltea USA LLC
© Katherine Andarcia
P.O. Box 45-4402
Miami, FL 33245

Diseño gráfico de cubierta: Natalia Urbano
Fotografías y diseño de interiores: Marina García
Fotografías: Dreamstime

ISBN-13: 978-1-6816502-2-7

Primera edición: Enero de 2016.

Impreso en U.S.A.

Agradecimientos

Dedicado a mis Ángeles Custodios en la tierra, mis padres quienes con el ejemplo de bondad y responsabilidad formaron mi espíritu.

Al Príncipe Regente y los Querubes de mi hogar: mi esposo y mis hijos por la dicha y alegría con que llenan mi corazón cada día

A mi Ángel Guía: mi maestra espiritual Dra. Judith Campos de Huerta, quien un día dijo convencida «¡Tú vas a transmitir el mensaje de los Ángeles!»

A Misael, Jofiel, Miguel y a todas las Jerarquías Superiores de Luz por inspirar mi vida...

Prólogo

$\mathcal{Q}$uisiera escribir dejando que las voces de los ángeles guíen mis palabras para que lleguen a tu alma con su verdadero y cabal significado. Ese mensaje es una invitación a que abras en tu vida un espacio para estos hermosos seres de luz; una exhortación a que abras tu corazón y permitas que fluyan en ti los sentimientos y las emociones más puros: el amor, la bondad, la compasión, la generosidad, y la honestidad. Virtudes y valores que enaltecen al hombre y lo elevan a otros planos de conciencia.

Quisiera poder transmitirte a través de estas páginas la importancia de vivir la espiritualidad en este siglo. Como seres espirituales que somos, aún cuando vivamos en un mundo material y debamos cumplir con nuestras responsabilidades, actividades y ocupaciones terrestres, no podemos olvidarnos de nuestra propia esencia, de lo que somos: seres creados a imagen y semejanza de Dios.

El universo es perfecto y maravilloso. Nos brinda un firmamento lleno de estrellas que se pierden en el infinito y que tienen mucho que decirnos. Contemplar el cielo nos da la sensación de que somos pequeños ante tanta inmensidad. Eso es cierto: somos una pequeña individualidad que forma parte de un gran todo universal; que se mueve en perfecto orden y equilibrio; donde todo lo que sucede tiene una razón de ser. Si los humanos aprendiéramos a leer esos signos del cielo, podríamos escuchar los mensajes de los ángeles fácilmente, atenderíamos cuestiones más profundas y significativas, y podríamos ser más felices.

Mi experiencia con los ángeles comenzó desde pequeña. Recuerdo que acostumbraba a conversar con mi Ángel de la Guarda, quien amorosamente me acompañaba y jugaba conmigo. En el colegio, mis maestras decían que era mi *amigo imaginario*, y yo realmente así lo creía.

Crecí con mucha fe, estudie en colegios católicos y laicos de Venezuela donde me enseñaron y ayudaron a desarrollar mi vocación innata de defender a los más débiles, y más tarde me gradué de abogada en la Universidad Católica Andrés Bello. Quería por entonces, proteger a los más desvalidos y defender a quienes consideraba que eran víctimas de una sociedad que los había excluido.

Mientras concurría a mis estudios de posgrado en Ciencias Penales y Criminológicas descubrí mi verdadera pasión por la medicina, la psicología y la psiquiatría. Me interesé por conocer en profundidad sobre la psique y el comportamiento humano, para lo cual tomé como punto de partida la medicina cuerpo-mente.

Comprobé que había una parte de mí totalmente volcada al espíritu, que creía firmemente en esa conexión del hombre con el infinito. Una conexión mente-cuerpo-espíritu vibrando al unísono con la universalidad. Sin embargo, debo confesar que dentro de mí compelían dos fuerzas: una lógica a veces punzante y una profunda espiritualidad.

La manera en que me acerqué al universo de los ángeles fue casual (hoy comprendo que tenía que ser así).

En 1998, en Boston, Massachusetts, mientras participaba de cursos de especialización en Derecho Internacional, recibí de regalo un libro sobre ángeles.

A partir de ese momento, comencé a comunicarme con los ángeles y recibir mensajes llenos de esperanza y de luz.

Todo esto despertó en mí un gran interés por la espiritualidad, a partir del cual comencé a profundizar mis lecturas en áreas como filosofía, angelología, teología, meditación, o metafísica.

Años después, llegué por primera vez a la consulta de la Dra. Judith Campos de Huerta (quien más tarde sería mi maestra), acompañando a mi hermano quien clínicamente fue diagnosticado con el «Síndrome de la Espina Nasal». Víctor había sido tratado por varios médicos en clínicas en los Estados Unidos y Venezuela, pero después de una operación quirúrgica el dolor persistía, por lo cual, mis padres, preocupados, decidieron explorar otras terapias de curación. Así fue que asistimos a la cita de la Dra. Judith, que trabajaba la psicología y sanación del alma. Después de varias sesiones, mi hermano había mejorado y estaba perfectamente bien.

Este tipo de terapia alternativa llamó poderosamente mi atención porque actuaba directamente sobre el campo áurico del paciente, procurando restaurar todo lo que se encontraba en desarmonía, equilibrar los chakras y sanar las heridas del alma a través de la energía angelical.

Fue a partir de esa experiencia que los ángeles me llevaron a iniciar mi camino espiritual al lado de mi maestra, enseñándome mi misión de vida: Apoyar y ayudar a las personas en su desarrollo y crecimiento personal, y transmitir sus mensajes, labor que realizo a través de las Terapias del Alma y la Terapia de Contacto Angelical.

De todas maneras, estoy convencida de que los ángeles hicieron posible que se escribiera este libro, que ellos lo orquestaron todo para que la editorial me contactara y me solicitara escribir un «Libro de Ángeles». Sé que ellos estuvieron presentes, y que están siempre cerca en cualquier área de nuestra vida, y que tal y como lo señaló San Agustín: «*No hay profesión o actividad humana que no sea regenteada por los ángeles*».

En este sentido, les presento un mensaje que recibí del Arcángel Uriel en el año 2005.

Estaba aquella tarde sentada frente a mi computadora desarrollando un proyecto para un libro sobre invocaciones.

Comenzaba a redactar la introducción para una invocación cuando a mitad del trabajo dejé de pensar y empecé a transcribir un mensaje divino. La invocación y mensaje de aquella tarde es éste:

Mensaje del Arcángel Uriel:

(Para vivir una experiencia verdaderamente sublime e inolvidable debemos comenzar por centrarnos en nuestra respiración...

Inhalando... exhalando..., inhalando...exhalando.

Lenta y suavemente.

Con una inspiración profunda inhalamos, sintiendo cómo el aire ingresa en nuestro cuerpo y cómo llega hasta nuestros pulmones, luego exhalamos, renovando nuestro ser cuando respiramos.

Al tomar conciencia del momento presente y de nuestro ejercicio de respiración, dejamos que sea el silencio el que se apodere de este momento, tratando de evitar que cualquier pensamiento distraiga nuestra mente.

De inmediato, empezamos a visualizar una brillante luz blanca que nos envuelve. Nuestro cuerpo físico se encuentra en este instante rodeado por la pureza del rayo blanco cristal, colmándonos de una inmensa paz y una inconmensurable quietud, lo que nos permite que el silencio sea la conexión inmediata con nuestro propio ser interior. Así, cuando ya estemos listos, iniciamos este hermoso viaje en compañía de los ángeles.

Para que nuestros compañeros de viaje vengan a nuestro encuentro, debemos realizar una invocación que nazca de lo profundo de nuestra alma. Llevamos toda nuestra energía a nuestro corazón y desde allí comenzamos a entregarla al mundo, activando así el centro del corazón. Concentrándonos en un nuevo ejercicio de respiración, largo y pausado, continuamos...

Inhalamos lentamente y exhalamos suavemente

Estamos dejando que sea nuestro corazón el que realice ese primer contacto con el reino celestial, vertiendo el amor más bello y cálido que seamos capaces de sentir al profundo deseo que tenemos de ser escuchados.

Esperando entonces que los ángeles nos asistan con mucha fe y auténtico amor decimos:

Con el más profundo amor que nace desde mi corazón, los invoco amados ángeles y arcángeles para que me acompañen en este momento de unión y de contemplación, invadan este lugar con los hermosos rayos de luz rosada, azul dorado, verde y blanco, que se expanda, se expanda, se expanda aquí y ahora mismo su poderosa luz, llenen mi alma con la ternura y la pureza que emana de su ser, permítanme ser receptora y canal de su hermoso mensaje de amor para la humanidad y para todo el planeta... aquí comienza el dictado)...

«Que los hombres perciban lo natural y místico de su propia existencia, que dejen que sea su lado positivo el que gobierne sus vidas y sus países, que contengan sus anhelos de oscuridad, reforzando el amor y la ternura en su propia esencia.

Cada vez que un mal sentimiento o pensamiento se conecta con otro que puede estar sintiendo alguien en otro lugar -e incluso en otra dimensión-, nosotros los ángeles, los seres de luz, los maestros intervenimos transformando ese sentimiento de dudas -o interrogaciones con energías descendentes-, dejamos que sea el universo el que se manifieste llevando al plano físico de la cuarta dimensión los resultados solicitados por esa alma, o creados por la cadena de sucesos kármicos o dármicos a que tenga lugar.

Reconocer la pureza de las almas es tarea fácil cuando convertidos en cuerpos sutiles, deambulamos por el espacio y tiempo que son relativos al hombre, entendiendo que es desconocido quizás el poder de sus propias creaciones para encontrarse con nosotros siempre que así los dispusieran, pero las limitaciones de su propia mente les impiden ver lo que está frente a ustedes mismos.

El mensaje no es dado, sino transmitido para ser conocido por todos, independientemente de las razas, los credos, el Padre que es y será siempre el mismo, el Único, el Yo Soy de todo lo que vive, el Grande, el Poderoso, El otro puede estar presente y es en ustedes que recae la inmensa obligación de condenarlo, de acabar con sus conjuros que se suceden incluso a cada milésima de segundo del tiempo de ustedes con una mala palabra o gesto.

Porque el verbo es tan poderoso como él mismo y la fuerza que le den a sus creencias es inminente para el cambio, el cambio puede ocurrir, estamos a las puertas de lo que se avecina y únicamente ustedes serán responsables de vuestro propio destino o de vuestra propia convalecencia, que pueden transmutarla solamente con el amor y la humildad en sus corazones.

El día en que los humanos transiten por la tierra sin destruirla o acabar con ella, el día que aprendan a perdonar y a comunicar, a decir y a enfrentarse con dignidad sin violencia, entonces ese día podría decirse que el cambio se aproxima. Mientras tanto, acaban con su propio oxígeno exigiendo al cielo una respuesta, respuesta que se encuentra dentro de ustedes mismos. Soy yo, Uriel, quien les dice que debéis permanecer atentos a los acontecimientos y colaborar con un pacto de unión entre hermanos y hermanas.

El creador inundará vuestro ser con su hermosa luz
y que los rayos del amor divino incondicional transmitidos
y proyectados al planeta os envuelvan y os protejan con su
maravillosa radiación, que cada una de las células, átomos y
electrones y protones de todo y cuanto os rodea en vuestro
plano físico y en el no físico sea colmado y bañado por la
luz de las altas esferas, transmitiendo y enseñándoles cómo
el amor puede hacer milagros y transformarlo
todo en pétalos de rosa y felicidad...»

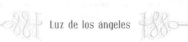

Introducción

Tu Primer Contacto Angelical

*E*sta obra pretende servir de guía para quienes desean conocer con mayor profundidad el reino angelical, aprender a invocar a los ángeles y comprender cómo a través de su hermosa energía podemos mejorar y transformar nuestras vidas. Los ángeles hacen un llamado a la humanidad para que aprendamos a vivir desde el corazón, ellos nos enseñan que ése es el único camino hacia la verdadera paz y sabiduría interior.

Notamos que desde hace algunos años se ha renovado el interés por estas criaturas aladas, se han escrito muchos libros, se han escuchado testimonios e historias relacionadas con intervenciones angélicas; al mismo tiempo, en el mercado encontramos libros, agendas, estatuillas, imágenes, postales y muchos objetos más. Esto no ocurre por casualidad, los ángeles se comunican con nosotros, de manera de captar nuestra atención y conducirnos hasta ellos por diferentes medios.

El simple hecho de que este libro haya llegado a tus manos es una coincidencia divina. A medida que vayas avanzando en la lectura, sucederán cosas a tu alrededor, podrás recibir mensajes especiales; encontrarás fácilmente respuestas a tus problemas; aparecerán personas para ayudarte en el momento en que lo necesites; es decir, comenzarán a ocurrir esas *causalidades* que acostumbro llamar «pequeños milagros».

Los mensajes celestiales están siempre allí, todos podemos tener acceso a ellos, pero generalmente no nos damos cuenta porque hemos dejado de prestar atención desde hace muchísimo tiempo a la posibilidad de su existencia.

Vivimos en una época donde cada vez es más difícil relacionarnos con las personas desde la base de la confianza y el amor; por lo general estamos apurados, con muchas obligaciones y compromisos. Somos invadidos a menudo por la información que recibimos de todas partes, y este ruido externo nos impide escucharnos a nosotros mismos y a los demás.

Por eso, pretender escuchar a la divinidad entendiendo las señales del cielo resulta a veces un concepto incomprensible y poco práctico; en ese sentido, nos ocurre algo similar a lo que sucede en la actualidad con los cuentos infantiles: nos encantan, pero hemos dejado de creer que la magia existe.

Sin embargo, el propósito de este libro es precisamente abrir una puerta hacia ese universo sutil y lleno de luz donde viven los ángeles para que puedas volver a creer y confiar en su existencia. Reconocerlos, descubrirlos e impregnarte de su energía te permitirá vivir con mayor entusiasmo y alegría, sabiendo que siempre contarás con el auxilio de los mensajeros celestiales, quienes, si se lo permites, pueden mostrarte un mundo diferente y maravilloso. Da la bienvenida en tu vida a estas criaturas divinas y empezarás a sentir los cambios a tu alrededor.

Los ángeles pueden ayudarte en cualquier área de la vida que desees, pues a cada arcángel y sus legiones de ángeles les corresponde un atributo o misión específica. En este libro vamos a trabajar en áreas como la Fe, el amor, la familia, la salud, el trabajo, el dinero y la paz interior. Todos estos aspectos vistos a la **Luz de los Ángeles** tendrán un nuevo significado para ti, podrás valorar lo que tienes, comprender la importancia de invocarlos cada día y de compartir tus temores y debilidades con ellos, quienes llevarán tus inquietudes y peticiones directamente al cielo.

Es importante saber que los ángeles no pueden intervenir, ni influir en tu libre albedrío, tú debes invocarlos, solicitar su asistencia y entonces ellos vendrán envueltos en su ser, que es pensamiento divino. Se dice que en el universo angelical no queda ningún llamado sin ser atendido, por lo que puedes disponerte ahora mismo a iniciar tu primer contacto angelical.

Este libro está estructurado en tres partes:

La primera parte, «El Universo de los Ángeles», es una introducción al conocimiento del reino angélico; su origen y naturaleza, la clasificación y misión de esas criaturas divinas como protectores de la humanidad. Además, plantea cómo establecer contacto con ellos y traducir su lenguaje en el mundo físico.

La segunda parte, «Luz de los Ángeles», busca mostrarte cómo la energía angelical puede cambiar y mejorar tu vida; te presenta testimonios vividos por muchas personas iguales a ti, quienes comparten sus experiencias con la intención de que un mayor número de personas crea en estas criaturas de Dios y reconozcan su existencia.

La tercera parte «El Camino a la Iluminación en Compañía de los Ángeles», te inicia en el hermoso viaje del autodescubrimiento, comprenderás la importancia de meditar cada día para escuchar los anhelos de tu alma y a través de ejercicios guiados entrarás en contacto con tu Ángel Guardián.

Luz de los Ángeles es tu guía práctica, tu herramienta más poderosa de trabajo espiritual, porque no volverás a sentirte solo o abandonado nunca más, sabrás que la luz de estos hermosos seres está siempre a tu lado, iluminando tu camino, eliminando los obstáculos y lo más extraordinario es que llenarán tu alma de paz, regocijo y felicidad.

Por último y para tu tranquilidad, debes saber que no necesitas ser un experto en ángeles para comunicarte con ellos; basta con tener pureza de corazón, claridad mental y una verdadera intención de ser escuchado.

Haz tu llamado, los Ángeles te escucharán

 ## Semblanza de los Ángeles Celestiales

Los ángeles son criaturas divinas, seres de luz de cuyos corazones emanan haces de luz blanca cristal, azul, rosada, dorada y verde. Vibran en una frecuencia distinta a la nuestra, por eso a veces nos resultan imperceptibles.

Sin embargo, dicha frecuencia puede ser captada por una mente en quietud, lo que nos permite percibir su presencia y recibir toda su sabiduría.

Intervienen cuando son llamados a hacerlo, cuando solicitamos su ayuda, ya que no pueden interferir con nuestra libre voluntad. Han elegido servir y amar a la humanidad, son protectores del planeta Tierra, y su tarea es ayudarnos en la búsqueda de nuestra elevación de conciencia.

De acuerdo con mi propia experiencia, sus rostros reflejan una belleza indescriptible, sus ojos transmiten pureza, nobleza, ternura, y paz. Ellos están siempre iluminados por la radiante luz de Dios.

Para que nos asistan, debemos hacer nuestro llamado con propósito claro, pues como sabemos ellos están siempre presentes, sólo debemos dejarles un espacio abierto en nuestra mente y nuestro corazón para que puedan manifestarse.

Ellos nos atienden con sus cánticos y su luz, que se traducen en el mundo físico en una sensación de alegría, de efervescencia en el corazón, de chispas a nuestro alrededor, de magia. Sabemos que ellos están cerca cuando sentimos que todo está «en sintonía» en nuestras vidas.

**PRIMERA
PARTE**

El universo
de los ángeles

¿Qué es un Ángel?

Un ángel es un ser de puro espíritu, incorpóreo y etéreo. De extremada belleza e inteligencia, su luz es maravillosa pues refleja la pureza y perfección del Creador.

También se les ha definido como substancias espirituales o formas subsistentes incorpóreas. Sin embargo, tratar de imaginar su forma, no resulta sencillo a la mente humana, porque habitamos en un mundo físico y material.

Si recurrimos a los relatos bíblicos, encontramos la imagen del querubín que guarda la entrada al jardín del Edén; tenemos la historia de tres ángeles que se le aparecieron a Abraham y evitaron el sacrificio de su hijo Isaac; también encontramos el sueño de Jacob, quien observó una escalera por la que subían y bajaban cientos de Ángeles.

A la Virgen María, a Job, a San José, y otros protagonistas de las Escrituras se les aparecieron ángeles y sabemos que lo rodeaban a Jesús en la ascensión.

Sobre el sueño de Jacob en Betel encontramos:

GÉNESIS 28:10

«...Allí soñó que había una escalera apoyada en la tierra, y cuyo extremo superior llegaba hasta el cielo. Por ella subían y bajaban los ángeles de Dios»

Existen obras hermosas sobre este sueño de Job, pero hay que considerar que la imagen de los ángeles ha sufrido muchas transformaciones, de acuerdo a la forma en que han sido percibidos por los hombres a través de la Historia, y hasta nuestros días. La palabra ángel deriva de la traducción del Antiguo Testamento al griego, que en hebreo se menciona con la expresión «malakh»; y también la tradujeron en dos palabras: «angelos» (mensajero común) y «daimon» (espíritu que podía influir para el bien o para el mal). Pero dado que la intención de los traductores era referirse a los mensajeros de Dios, utilizaron sólo la palabra *angelos*, y la palabra «daimón» fue utilizada para identificar a los demonios o el mal.

El Ángel es energía divina de amor, proveniente de las emanaciones mismas del Creador, es una absoluta perfección, pureza y belleza; es un rayo de luz que toca cada corazón humano para elevar su conciencia; es energía cósmica, pensamiento y unión. Un Ángel es sólo luz.

La Creación de los Ángeles.

Dios creó a todos los ángeles juntos, antes de crear al hombre. Los ángeles son anteriores a la creación de los cielos y cuerpos celestes. Es decir que fueron concebidos antes de la creación del mundo físico.

El momento exacto de su creación no puede ser definido, pero encontramos algunas referencias bíblicas que nos hablan de ello, entre las cuales mencionaremos las siguientes:

GÉNESIS 1:1

«Dios en el principio creó los cielos y la tierra», ha sido interpretado que la palabra cielos se refiere también a los astros, soles, galaxias y seres divinos o celestiales.

JOB 38:4-7

«...¿Sobre qué están puestos sus cimientos o quién puso su piedra angular mientras cantaban a coro las estrellas matutinas y todos los ángeles gritaban de alegría?

Se ha señalado que cuando Dios estaba echando los cimientos de la Tierra, se deleitaban todos los hijos de Dios, entendiéndose que ya en ese momento existía toda la jerarquía divina.

COLOSENSES 1:16-17

«Porque en Él fueron creadas todas las cosas, las que hay en los cielos y las que hay en la tierra, visibles e invisibles; sean tronos, sean dominios, sean principados; sean potestades; todo fue creado por medio de El y para El. Y El es antes de todas las cosas, y todas las cosas en El subsisten»

Creer en la existencia de los ángeles es una «verdad de Fe» definida por la Iglesia en los Concilios Lateranense IV (1215) y del Vaticano I (1870) al señalar: «*Creemos firmemente* dicen los Padres del Concilio IV de Letrán- *y sencillamente confesamos que... es uno sólo el principio de todas las cosas, creador de ellas, visibles e invisibles, espirituales y corporales, el cual con su omnipotencia, en el principio del tiempo creó de la nada ambas criaturas, la espiritual y la corpórea, es decir los Ángeles y las cosas materiales, y finalmente al hombre, como que conviene con ambas y consta de cuerpo y espíritu*»

Según fuentes canónicas, los ángeles son seres inmortales pero no eternos, pues la eternidad le corresponde solamente a Dios. Se cree que cuando se extingan el universo, las galaxias, los soles y las estrellas, se extinguirán también los ángeles.

Existen unos ángeles llamados los Señores del Crepúsculo, pues en el momento de la aurora y el crepúsculo rinden adoración a la Creación, con cantos y alabanzas. Al terminar su canto vuelven a ser luz infinita. Puedes ver a estos ángeles en el cielo, en las siluetas que forman las nubes, en la luz de los rayos del sol y seguramente si lo intentas quizás podrías también escuchar sus cantos.

Los ángeles fueron creados para la absoluta devoción a Dios, para cumplir sus mandatos tanto en la tierra como en el cielo. Hubo un acto en el cielo que ha sido llamado la

Rebelión, que hizo posible el libre albedrío humano (atributo sólo del hombre).

La Rebelión de los ángeles que se negaron obedecer a Dios y el orden cósmico que El había creado, también se conoce como «La noche de los tiempos». El príncipe de los ángeles rebeldes es Lucifer. En la noche de los tiempos, por medio del acto luciférico se separó la luz de la oscuridad espiritual, y las huestes de seres que lo siguieron hicieron posible la existencia del Mal.

ISAÍAS 14: 12-15
«¡Cómo has caído del cielo, lucero de la mañana! Tú que sometías a las naciones has caído por tierra.
Decías en tu corazón: subiré hasta los cielos ¡levantaré mi trono por encima de las estrellas de Dios! Gobernaré desde el extremo norte, en el monte de los dioses. Subiré a la cresta de las más altas nubes, seré semejante al Altísimo. ¡Pero has sido arrojado al sepulcro, a lo más profundo de la fosa!

Desde esa noche oscura se reafirma como función primordial de los ángeles adorar a Dios y proteger a la Humanidad, destruyendo a los espíritus maléficos. En el Antiguo Testamento se les describe como los mensajeros del Señor: seres sagrados y celestiales.

Las Visiones Angélicas

A la visión de ángeles se la conoce como *Angelofanía*, palabra que define aquellas visiones registradas no solamente en la Biblia u otros textos sagrados, sino que provienen de testimonios y manifestaciones mencionadas por personas comunes y transmitidos en tradiciones orales, libros, revistas, Internet y muchos otros medios.

Los ángeles adoptan forma humana para llevar a cabo mandatos divinos y éstas son las visiones angélicas. Hay quienes afirman haber sido visitados por ángeles con forma humana, quienes desaparecieron de forma imprevista al cumplir su cometido. Algunos profetas en sus escrituras narran como fueron visitados por ángeles, entre ellos encontramos a Ezequiel, Daniel, o Zacarías.

El profeta Enoch narra su visita a los templos en el cielo y Juan el Evangelista cuenta su encuentro con Dios, en el Libro de Revelaciones. Una parte de estos escritos es la siguiente:

La Visión de Ezequiel:

Ezequiel 1:

«En el día quinto del mes cuarto del año treinta, mientras me encontraba entre los deportados a orillas del río Quebar, los cielos se abrieron y recibí visiones de Dios, habían pasado cinco años y cinco meses desde que el Rey Joaquín fue deportado (a Babilonia). (En este tiempo, mientras Ezequiel hijo de Buzi, estaba a orillas del río Quebar,

en la tierra de los caldeos, el Señor le dirigió la palabra, y su mano se posó sobre él).

De pronto me fijé y vi. Que del norte venían un viento huracanado y una nube inmensa rodeada de un fuego fulgurante y de un gran esplendor. En medio del fuego se veía algo semejante a un metal refulgente. También en medio del fuego vi algo parecido a cuatro seres vivientes, cada uno de los cuales tenía cuatro caras y cuatro alas. Sus piernas eran rectas y sus pies parecían pezuñas de ternero y brillaban como el bronce bruñido. En sus cuatro costados, debajo de las alas, tenían manos humanas. Estos cuatro seres tenían caras y alas, y las alas se tocaban entre sí. Cuando avanzaban no se volvían sino que cada uno caminaba de frente... Los cuatro seres avanzaban de frente, iban a donde el espíritu los implicaba, y no se volvían al andar. Estos seres vivientes parecían carbones encendidos o antorchas, que se movían de un lado a otro. El fuego resplandecía, y de él se desprendían relámpagos. Los seres vivientes se desplazaban de un lado a otro con la rapidez de un rayo...»

Los seres vivientes descritos por Ezequiel son los *serafines* y las cuatro caras son la representación de los elementos: fuego, aire, agua y tierra. A la vez que son las cuatro figuras de la cruz fija de los cielos, correspondiente a las constelaciones de Tauro, Leo, Escorpio y Acuario, señalando el tiempo anterior a la creación del hombre. Las visiones dadas por los profetas nos aportan una imagen de los seres celestiales y la inmensidad de su fulgor.

APOCALIPSIS 4:3

«Después de esto miré, y allí en el cielo había una
puerta abierta Y la voz que me había hablado antes
con sonido como de trompeta me dijo: 'Sube acá:
voy a mostrarte lo que tiene que suceder después de
esto. Al instante vino sobre mí el Espíritu y vi un
trono en el cielo, y a alguien sentado en el trono.
El que estaba sentado tenía un aspecto semejante a
una piedra de jaspe y de coralina.
Alrededor del trono había un arco iris que se
asemejaba a una esmeralda.
Rodeaban al trono otros veinticuatro tronos, en los
que estaban sentados veinticuatro ancianos vestidos
de blanco y con una corona de oro en la cabeza.
Del trono salían relámpagos, estruendos y truenos.
Delante del trono ardían siete antorchas de
fuego, que son los siete espíritus de Dios y
había algo parecido a un mar de vidrio
como de cristal transparente.
En el centro alrededor del trono había
cuatro seres vivientes cubiertos de ojos por delante
y por detrás. El primero de los seres vivientes era
semejante a un león; el segundo a un toro; el tercero
tenía rostro como de hombre; el cuarto
era semejante a un águila en vuelo.
Cada uno de ellos tenía seis alas y estaba cubierto
de ojos, por encima y por debajo de las alas.

Y *día y noche repetían sin cesar:*
Santo Santo Santo
Es el Señor Todopoderoso
El que era y que es y que ha de venir
Cada vez que estos seres vivientes daban gloria,
honra y acción de gracias al que estaba sentado en el
trono, al que vive por los siglos de los siglos, los
veinticuatro ancianos se postraban ante él y
adoraban al que vive por los
siglos de los siglos. Y tendían sus coronas
delante del trono exclamando:
Digno eres Señor y Dios
Nuestro,
De recibir la gloria, la honra
Y el poder
Porque tú creaste todas las cosas;
Por tu voluntad existen
Y fueron creadas.»

Aquí, Juan describe los seres vivientes que son los Serafines con sus cuatro triplicidades astrológicas que son Leo (el león), Escorpio (el águila) Tauro (el toro) y Acuario (el hombre). Todas las visiones que encontramos en la Biblia y en los libros Apócrifos nos ofrecen unas visiones maravillosas del reino de los cielos, su creador y las jerarquías angelicales.

La imagen de los ángeles

La imagen de los ángeles ha ido variando a través del tiempo: actualmente es muy aceptada la visión del ángel como un ser de forma etérea, generalmente de cabello ondulado, vestido con túnica blanca o de colores. Su resplandor es deslumbrante. Se perciben casi siempre descalzos o con sandalias, llevan una corona o diadema y sostienen en sus manos un libro, un instrumento musical o una flor, esto depende de la misión que tengan encomendada.

El símbolo de la divinidad son sus alas. En la India se pintan aladas las figuras celestiales, las Devas. En Egipto, Isis y Horus las poseen. Los griegos pintaban los *Angeloi* con alas. Bajo Constantino durante la era cristiana también fueron pintados con alas, manteniéndose esta costumbre prácticamente hasta nuestros días. Esta identificación se extiende en diversas religiones por el mundo entero.

Hay quienes afirman que este concepto de seres con alas viene de la percepción que causa la Luz de los ángeles en sus manifestaciones ante los humanos, su característica divina, lo que se ha mantenido hasta nuestros días. Los artistas los representaron con alas inmensas de plumas, y hasta se ha discutido si ellos podrían sostenerse en el aire con un peso tan grande.

Es importante comprender que un ángel es un ser cósmico por lo tanto es un ser ilimitado, instantáneo, y su velocidad es más rápida que la luz, por lo que pueden trasladarse, aparecer y desaparecer instantáneamente.

A veces adoptan forma humana para transmitir un mensaje o consuelo sin impresionar o afectar el entendimiento humano, aunque en realidad podrían aparecer bajo cualquier forma.

Swedenborg, filósofo, teólogo, intelectual y científico sueco del siglo XVIII, tuvo experiencias con el reino angelical y afirmaba que en su vida participaba del mundo invisible. Al momento de su muerte dejó un legado inmenso en conocimiento y testimonios sobre sus propias experiencias. En su obra «Cielo e Infierno» escribió: «El hombre no puede ver a los ángeles con los ojos de su cuerpo, pero puede verlos con los ojos del espíritu, puesto que el espíritu participa del mundo espiritual, mientras el cuerpo forma parte del mundo material».

Número de Ángeles

«Millones de criaturas espirituales se mueven sin ser vistas sobre la tierra cuando estamos despiertos y cuando dormimos».

John Milton, *El Paraíso Perdido*

Daniel el profeta, nos ofrece la tesis que existen millones de ángeles desde el principio de los tiempos y su cantidad no ha variado desde que fueron creados.

La Biblia menciona sólo a tres grandes Arcángeles y las legiones o comitivas de ángeles, pero teólogos y estudiosos afirman que realmente se cuentan millones de ángeles.

Los textos sagrados de muchas religiones nos hablan de las legiones de ángeles o comitivas angelicales. Un cabalista calculó que había 301.655.722 ángeles en el universo. Alberto Magno propuso que los ángeles se contaban en más de cuatrocientos millones. San Juan, en el libro de las Revelaciones, afirmó que cada estrella en el firmamento es un ángel, por lo que podemos deducir que el número de ángeles sería incalculable, tomando en cuenta los trillones de soles y estrellas que existen en el universo.

Sus nombres son poco conocidos. En la Biblia se menciona por su nombre a tres Arcángeles: Miguel, Rafael, y Gabriel; pero el profeta Enoch registró 150 nombres de ángeles, y con los años se han ido incorporando muchos otros nombres.

Actualmente se conocen más de mil nombres de ángeles pero en este libro sólo presentamos a los más nombrados o conocidos: los grandes arcángeles, sus rayos, sus misiones y cómo reconocer su energía. Además se incluyen algunas clasificaciones de fuentes distintas a la Biblia pero que deben ser consideradas dada su importancia en el estudio y conocimiento de los ángeles.

El Séptimo Cielo

El cielo es un concepto teológico frecuente en todas las culturas humanas. Las autoridades judías y cristianas han aceptado la existencia de siete cielos, aunque a este concepto se oponen los cabalísticos, quienes afirman que hay más de 300 cielos, lo cual no es imposible si pensamos que existen millones y millones de ángeles.

Desde la antigua Persia y Babilonia se conocían los siete cielos, aunque el profeta Enoch señaló, en una visión apocalíptica, que había un décimo cielo y que era allí donde habitaba realmente el Padre.

El séptimo cielo es la casa del Creador, donde está Dios sentado en su trono rodeado y adorado por Serafines, Querubines y Tronos. Ahora bien, vamos a hacer un breve recorrido por los siete cielos, cada uno de ellos dotado de gran inmensidad.

Los cielos están uno encima del otro, podemos imaginarnos una figura de círculos concéntricos, donde el

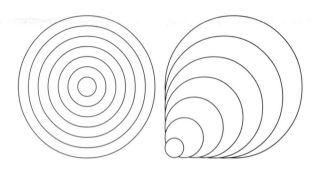

centro es el primer cielo y el último es el séptimo. Para entenderlo mejor debemos abrir nuestra mente a otras dimensiones o planos de existencia, pues es allí donde están los siete cielos.

El príncipe regente del primer cielo es Sidriel, allí se encuentran todas las estrellas del firmamento y sus ángeles. Es el cielo donde hay más ángeles protectores. En el segundo cielo, cuyo regente es Barakiel, encontramos los planetas y, según la tradición judeo cristiana, aquí están prisioneros los ángeles caídos, aunque continúan con sus oscuras actividades.

Baradiel es el regente del tercer cielo, donde se guarda el *maná*, que es el alimento divino (el manjar que envió Dios a los israelitas en el desierto). Es la comida angelical que cae del cielo como rocío y se convierte al secarse en granos que pueden comerse. Es en este cielo donde se encuentra el infierno, el lugar destinado para las almas pecadoras.

Los príncipes regentes del cuarto cielo son Miguel y Zahaquiel. Se cuenta que aquí se encuentra el altar de Dios.

Y según la tradición hebrea recorren este cielo las lunas y los soles.

El quinto cielo es regentado por Zadquiel, aunque se señala en otras religiones que Sandalfón es su regente. Algunos profetas han tenido visiones de este cielo, donde se ve a los Dominios y Virtudes en todo su esplendor.

En el Sexto cielo encontramos a su regente Gabriel, a quien se le encomendó el cuidado del planeta frente a todos los desastres naturales: huracanes, terremotos, y erupciones volcánicas. Debemos comprender que muchos de esos desastres son consecuencias de la creación humana, un ámbito en el que los ángeles no pueden intervenir.

El regente del séptimo cielo es Miguel. Es aquí donde mora el Padre, el Creador. Es el cielo más lejano de todos y en el trono está la Divina Presencia. Todos los príncipes regentes se inclinan ante su príncipe superior en jerarquía, y así van inclinándose en saludo celestial uno ante el otro. Cada príncipe regente es de jerarquía superior a los ángeles, y tiene a su mando una hueste angelical compuesta por más de cuatrocientos ángeles, quienes a su vez hacen una reverencia a su príncipe regente.

Podría uno señalar, luego de leer sobre los cielos, que existen tantos cielos como ilimitado es su concepto, pero para fines de una mayor comprensión elegimos esta clasificación basada únicamente en siete cielos.

Los Ángeles y las Devas

Las Devas son seres angélicos de diferente jerarquía y asociados a las fuerzas de la naturaleza. Su nombre deriva del sánscrito, y significa «resplandeciente». Las Devas custodian los árboles, las montañas, las piedras, los vientos, etc. Controlan la evolución de todos los reinos (mineral, vegetal y animal), así como las nubes y los vientos.

A las Devas pertenecen los arcanos, entre ellos: los gnomos, las silfas, las ondinas y las salamandras. En otras culturas se utilizan para los mismos seres otros nombres, como las hadas, los elfos, los trolls y los duendes. Estos nombres han sido dados por el hombre para identificar estas legiones ligadas a la naturaleza y sus elementos.

En las leyendas y fábulas se habla de ellas y el hombre con su imaginación les ha dado distintas formas, se dice que viven el tiempo que dura la vida de aquello que custodian, lo que puede tratarse de millones de años si hablamos de las rocas, o de apenas minutos si se trata del rocío.

Cada elemento de lo creado es confiado a una Deva o espíritu de la naturaleza, por más mínimo que éste sea. Puede decirse que a las Devas les corresponde la custodia de la naturaleza y a los Ángeles la protección de los humanos.

Existe gran diversidad de tradiciones y creencias respecto a estas criaturas. Lo que debe destacarse es que, por divina designación, cada parcela de lo creado corresponde a un orden universal con su función y misión especifica.

Cumpliendo con este orden divino, por esa inteligencia suprema y angelical, cada parcela sigue una meta en su desarrollo buscando ascender en la escala evolutiva. Así, cada organismo o especie avanza en su evolución a otros planos. Al hombre le corresponde ascender a los planos de conciencia de la condición angélica.

Dios y los ángeles

Un punto relevante que deberíamos tratar antes de continuar con nuestro estudio sobre el universo angelical, es la reinterpretación de la función de los ángeles y su importancia para nosotros los seres humanos.

Reconocer la existencia de los ángeles partiría del mismo principio de Fe que nos lleva a reconocer a Dios en sus orígenes; ahora bien, conocer a los ángeles, profundizar sobre su misión en la tierra e invocarlos, bajo ningún concepto implica dejar de adorar y alabar a Dios. Nuestra infinita veneración es al Padre, y a los ángeles sólo les pedimos su intercesión como sus mensajeros e intermediarios.

Ahora bien, con la comprensión de que no se trata de sustituir a la divinidad ni realizar ritos paganos o ser infieles, creemos en los ángeles y pedimos su auxilio en el camino que nos conduce a Dios. No podemos rendirles culto pues no les corresponde, sólo pedimos su asistencia y los agradamos viviendo bajo su luz y amor divino que vienen directamente de su Creador.

La iglesia cristiana se ha pronunciado al respecto, pero vemos que hay una base bíblica que señala lo siguiente en:

APOCALIPSIS 19:10

«Me arrojé a sus pies para adorarle (al ángel) *y me dijo: «Mira, no hagas eso; consiervo tuyo soy y de tus hermanos, los que tienen el testimonio de Jesús. Adora a Dios».*

Los ángeles no pretenden usurpar a Dios; al contrario, desean ensalzar su amor por Él y ayudarnos en la búsqueda del equilibrio y la verdad.

La Jerarquía Celestial

Encontramos varios estudios y clasificaciones de las órdenes angelicales. En muchas religiones se han divido las categorías de ángeles de acuerdo con su misión y el lugar que ocupan en el cielo.

De las diversas clasificaciones reconocidas he tratado de encontrar los puntos de afinidad y descartar los contrarios, por lo cual respecto a las jerarquías superiores presento aquí los aspectos comunes siguiendo la línea de la clasificación hecha por Dionysio el Aerogapita, máximo exponente de la angelología cristiana y a quien corresponde la tesis mayormente aceptada.

Esta clasificación se basa en nueve coros angelicales divididos en tríadas:

Los Nueve Coros Angelicales:

Primera Tríada o Primera Jerarquía:
Esta orden controla el universo
y está formada por:

Serafines
Querubines
Tronos

Segunda Tríada o Segunda Jerarquía:
Esta orden representa el gran poder de Dios, y
son los encargados de proteger el planeta Tierra

Dominios
Virtudes
Potestades

Tercera Tríada o Tercera Jerarquía:
Esta orden protege a la humanidad y los
ángeles sirven como mensajeros celestiales

Principalidades
Arcángeles
Ángeles

Así observamos que los ángeles forman parte de la tercera orden, es decir del noveno coro. Muchos de estos ángeles pueden formar parte de órdenes superiores de acuerdo a la misión que deban cumplir.

Primera Tríada

Serafines

Es el primer coro angelical. Su nombre deriva de Seraph, «serpiente» o «ardiente» e incluso se les llama ruedas de fuego. Los Serafines representan el pensamiento de Dios. Su vibración es pura luz y amor divino. Es la representación más alta de angelicalidad, incluso no para verlos como ángeles sino como manifestaciones directas de Dios. Ellos impregnan con su aura todo el universo para la gran obra creadora del Padre, sosteniendo esta energía como remolinos en constante movimiento a la espera de manifestarse en la creación directa de Dios, de esta energía puede emanar cualquier obra de la creación.

Los Serafines forman el coro de más alto rango, son los más cercanos a Dios, rodean el Trono y entonan cantos de alabanzas al Padre. Su función es recibir todo este caudal de energía y retransmitirlo a las jerarquías inferiores.

Corresponden al Primer Rayo y habitan en el Séptimo cielo. Se los representa con seis alas cubiertas de ojos y lenguas de fuego a su alrededor. Con dos alas cubren sus rostros, con dos sus pies y con dos vuelan. Su aura es de proporciones indescriptibles ya que ellos evocan la luz directa de Dios. Se dice que ningún ser humano podría posarse frente a su luz pues se extinguiría de inmediato. Estas son las criaturas de las que nos hablan Ezequiel y Juan en sus visiones.

Algunos nombres conocidos de Serafines son:

- **Miguel**: «Que es como Dios».
- **Seraphiel**: «Que es la paz de Dios».
- **Jesuehk**: «El que canta a Dios».
- **Uriel**: «Fuego de Dios».
- **Kemuel**: «Ayudante de Dios».
- **Metratón**: «Junto a Dios».

Querubines

Este es el segundo coro angelical. Su nombre deriva del hebreo «kerub», que significa «plenitud de conocimiento». También habitan en las esferas más cercanas a Dios. Emanan conocimiento y sabiduría. Ellos custodian los lugares sagrados, son ángeles de los ideales divinos. Se representan con cuatro caras que simbolizan, la sabiduría, el conocimiento, la omnisciencia y el don de la ubicuidad (pueden estar en dos o más sitios a la misma vez).

Se visten con telas brillantes con una corona de rayos de sol. Ezequiel los describe con cuatro caras y cuatro alas. De acuerdo a la simbología antigua el querubín es tetramorfo, es decir, de cuatro cabezas que representan los cuatro puntos cardinales. Su imagen ha ido cambiando pero perdura su significado como «SERES RESPLANDECIENTES». No es el querube (bebés regordetes y con alas) como suele confundirse a los querubines. Se les llama también «Las criaturas aladas» y «Bestias sagradas».

Los querubines distribuyen esa energía divina y a través de las leyes cósmicas y universales, las derraman a las jerarquías inferiores. Es como si los serafines conservaran esa energía divina y los querubines la hicieran descender hasta las jerarquías inferiores, para continuar con la labor de la creación, pasando al mundo de la forma esa vitalidad incorpórea. Así, toda obra creada nace de estas energías divinas del Creador en sus orígenes.

Algunos nombres de Querubines son:

- **Gabriel**: «Dios es mi fortaleza»
- **Rafael**: «Curación de Dios»
- **Uriel**: «Fuego de Dios»
- **Zophiel**: «Vigilante de Dios»
- **Cherubiel**: «La sabiduría de Dios».

Tronos

Este es el tercer coro, y son los ángeles del trono de Dios que habitan en el quinto cielo. Los Tronos materializan la sustancia que forma el mundo donde Dios manifiesta su obra. Su imagen es de ruedas de fuego con ojos que se mueven conjuntamente con los Querubines. Su misión es inspirar la Fe en el poder del Creador. Son los llamados a llevar a cabo la Justicia divina. A veces se les representa como ruedas luminosas y flameantes.

Definen el momento y el lugar en que habrá de manifestarse la Creación. Se dice que son los guardianes de los planetas porque cada planeta es un trono para nuestro Creador.

Algunos nombres de Tronos pueden ser:

- **Orfiel**: «Resplandor de Dios».
- **Zapkhiel**: «Sabiduría de Dios».
- **Zabkiel**: «Protección de Dios».
- **Jophiel**: «Belleza de Dios».

Segunda Tríada

Dominios o Dominaciones

Es el cuarto coro, reciben sus instrucciones de los Serafines y los Tronos. Son los Señores que adjudican las labores a los Principados, Arcángeles y Ángeles. Supervisan que todo se cumpla en el universo de acuerdo con el Plan Divino. Su misión es mantener el orden del cosmos, hacer que aflore la chispa divina en el ser humano para el desarrollo de su espiritualidad.

Se les representa con túnicas verdes y doradas, con una cruz en la mano y una espada a lo alto de la diestra. Desean que el hombre trascienda la materia y aspire a la herencia divina. La espada corta el mal, la ignorancia y la ceguera espiritual. El conocimiento es nuestra protección sublime.

Algunos nombres de las dominaciones son:
- **Zadquiel**: «Justicia de Dios».
- **Hasmal**: «Donde está el nombre de Dios».
- **Zacharael**: «Recuerdo de Dios».
- **Muriel**: «Bálsamo de Dios».

Virtudes

Este es el quinto coro, integrado por los portadores de las bendiciones de Dios. Son los que confieren el don de la virtud a los seres humanos (gracia y valor). Son superiores a los elementos del mundo material y rigen el proceso de la vida celestial. Controlan las leyes cósmicas, planetas, estrellas y galaxias. En la Tierra rigen las leyes del planeta.

Santo Tomás de Aquino nos señalaba que eran las virtudes las que llevaban los milagros a la Tierra. Se asocian con santos y héroes que batallan contra el mal. Se les atribuye haber estado presentes durante la ascensión de Jesús. El aura de estos bellísimos seres angelicales es de esplendorosos colores, que indican la pureza de su esencia energética. Vibran en manifestaciones de luz celestial que transportan hacia todos los rincones del planeta.

Se los representa de pie, con una espiga que hace alusión a la abundancia. Es el signo del crecimiento, de la madurez, la misión del alma para desarrollarse en un cuerpo material sobre el mundo físico. Su túnica de luz es blanca y dorada como la divinidad. Batallan continuamente contra el mal.

Algunos de los nombres de las virtudes son:
- **Uzziel**: «Fuerza de Dios».
- **Peliel**: «Asistente de Dios»

Barbiel: «Rayo de Dios».

Sabriel: «Pleno de Dios»

Haniel: «Gracia de Dios».

Hamaliel: «Energía de Dios»

Poderes o Potestades

Este el sexto coro, y quienes lo integran son los guardianes protectores de la Orden del Cielo. Su misión es evitar que los ángeles del mal destruyan el mundo, ayudar al ser humano a resistir el mal, y custodiar los caminos del cielo. Son los encargados de conducir a las almas cuando dejan el cuerpo físico y se encuentran en el plano astral. Son los ángeles que impiden que se infiltren las fuerzas oscuras en el cielo. Su aura proyecta una sensación de paz y suprema armonía. Es la luz que necesitan quienes han dejado el cuerpo material.

Se les representa con una llameante espada en la mano derecha, indicando su poder sobre las fuerzas del mal.

Algunos nombres de Poderes son:

Gabriel: «Dios es mi Poder»

Camael: «El que ve a Dios»

Verchiel: «Resplandor de Dios»

Tercera Tríada

Principados o Principalidades

Es el séptimo coro y su misión consiste en regentear el tiempo, son los seres encargados del movimiento de los planetas y nos señalan las diferentes etapas del tiempo (segundos, minutos, horas, días, semanas, meses, años, décadas, siglos, eras, eones). Su nombre viene de Principio, son el principio del tiempo.

Su imagen es hermosa, su aura se extiende por toda la jurisdicción que rigen, están parados sobre el globo terráqueo sosteniendo el cetro de poder en la mano derecha. Los Principados o Principalidades también responden al nombre de Sarim.

Algunos nombres de Principados:
- **Misroc**: «El que asciende».
- **Haniel**: «Gracia de Dios».
- **Rekuel**: «Don de Dios».
- **Cerviel**: «El brazo de Dios».
- **Amael**: «Digno de Dios».

Arcángeles

Este es el octavo coro, integrado por los que transmiten los decretos divinos. Su regencia incumbe sobre las razas humanas, los pueblos, las naciones, y agrupaciones de hombres bajo el mismo idioma. Intervienen en los enfrentamientos de grupos humanos y sus acciones sobre el globo terráqueo. Batallan continuamente contra Satanás y sus legiones, actuando para la protección del mundo. Dirigen a los ángeles guardianes.

Según la tradición, hay muchísimos arcángeles. En la Biblia son reconocidos sólo tres arcángeles por su nombre, pero se los menciona en los libros apócrifos de Enoch, el cuarto libro de Edras y en la cultura rabínica. En la Nueva Era se reconocen siete Arcángeles que se corresponden con los siete rayos, de acuerdo a la misión que deban cumplir. Son seres de singular esplendor, de enormes alas, que se trasladan cumpliendo órdenes celestiales. Poseen el don de la ubicuidad, ya que tienen conciencia de todo el espacio que cubre su aura. Se representan como guerreros con armaduras y con túnicas, también se los ha representado con sandalias. El color de sus mantos depende del rayo que los asista o defina, el cual se asocia con la función que deberán desarrollar en la Tierra.

Ángeles

Este es el noveno coro, y quienes lo integran son los mensajeros celestiales más cercanos al hombre. Están encargados de guiar a la humanidad. Actúan como intermediarios entre Dios y los hombres. El profeta Enoch nos habla de una escuela en el cielo donde los Arcángeles instruyen a los Ángeles en diversas áreas de conocimiento. Los ángeles resguardan el orden de las cosas y trabajan directamente con los hombres en el logro del bien, el equilibrio y la armonía en sus vidas. Los ángeles guardianes corresponden a este coro.

Su túnica puede ser blanca o de cualquier tono luminoso, su imagen siempre es reconfortante y transmite tranquilidad, paz, bondad y armonía. Se presentan con alas, con plumas o brillo resplandeciente, dependiendo de la percepción o creencia humana.

Los nombres de los ángeles son muchísimos, algunos de ellos son:

- **Phaleg**: «Rostro Divino».
- **Adnachiel**: «Alegría de Dios».
- **Gabriel**: «La fuerza de Dios»
- **Chayiel**: «El Poder de Dios»

Las regencias

«Cada cosa visible en este mundo está a cargo de un ángel»

San Agustín

Las regencias planetarias

La Jerarquía angélica, como poderosa fuerza cósmica, rige las leyes de los planetas, y controla las fuerzas de la naturaleza y sus elementos. De aquí se toma el concepto de los Ángeles planetarios (siete planetas), y su relación con los signos zodiacales. A continuación encontrarás un cuadro con el Regente correspondiente de acuerdo al planeta y signo zodiacal que regentean.

Ángel	Signo	Planeta
Camael	Aries	Marte
Anael	Tauro y Libra	Venus
Rafael	Géminis y Virgo	Mercurio
Gabriel	Cáncer	Luna
Miguel	Leo	Sol
Azrael	Escorpio	Plutón
Zadquiel	Sagitario	Júpiter
Casiel	Capricornio	Saturno
Uriel	Acuario	Urano
Asariel	Piscis	Neptuno

Nota: Se repiten Rafael y Anael que rigen dos signos zodiacales.

Los doce signos zodiacales con su respectivo ángel y su elemento los encontramos en este cuadro:

Signo	Ángel	Elemento	Punto Cardinal
Cáncer	Gabriel	Agua	Oeste
Aries	Miguel	Fuego	Sur
Tauro	Uriel	Tierra	Norte
Géminis	Rafael	Aire	Este
Leo	Miguel	Fuego	Sur
Virgo	Uriel	Tierra	Norte
Libra	Rafael	Aire	Este
Escorpio	Gabriel	Agua	Oeste
Sagitario	Miguel	Fuego	Sur
Capricornio	Uriel	Tierra	Norte
Acuario	Rafael	Aire	Este
Piscis	Gabriel	Agua	Oeste

Los Regentes del Año

Los doce meses del año también están regenteados por ángeles, así tenemos el siguiente cuadro:

Mes	Ángel regente
Enero	Gabriel
Febrero	Barachiel
Marzo	Maquadiel
Abril	Asmodel
Mayo	Ambiel
Junio	Mariel
Julio	Verchiel
Agosto	Hamaliel
Septiembre	Uriel
Octubre	Barael
Noviembre	Anadquiel
Diciembre	Anael

Los Arcángeles de los Puntos Cardinales

Dada la importancia atribuida a los puntos cardinales y su relación con el reino angelical, estos espacios geográficos les fueron adjudicados a los cuatro grandes arcángeles ya conocidos. Hasta aquí la Iglesia estuvo de acuerdo; sin embargo, a cada punto cardinal le corresponde un ángel en particular (así lo pensaban los gnósticos), quienes cumplen funciones divinas que también mencionaremos.

Los puntos cardinales están regenteados por los cuatro grandes Arcángeles, distribuidos de la siguiente manera:

Punto cardinal	Ángel regente
Norte	Miguel
Sur	Gabriel
Este	Uriel
Oeste	Rafael

Según los aportes de los gnósticos, encontramos a los Ángeles de los Puntos Cardinales en los siguientes términos:

El Arcángel del Norte

Su aura es blanca y resplandeciente como el amanecer. Regentea los cielos, los vientos y la nieve. Su elemento es el aire. Es de una gran inmensidad como el infinito. Se le llama el Ángel de la Paz Interior. Protege a la humanidad de los peligros, es el llamado a llevar consuelo a los hombres y esperanza en el nuevo día.

El Arcángel del Sur

Su aura es como una llama resplandeciente de fuego. Es un Ángel Solar. Lleva el amor al corazón del hombre. Se lo menciona también como el Ángel de los enamorados. Lleva alivio a los enfermos, y es el encargado de entregar la abundancia del reino en la Tierra.

El Arcángel del Oeste

Su aura verde cubre todo el planeta, se lo relaciona con el elemento Tierra y es el precursor de la buena cosecha, encargado de los jardines, la tierra, la naturaleza y el hombre. Su color se extiende por todas las praderas y montes.

Otro nombre con el que se le refiere es el «Guerrero del Oeste» o «Custodio de la Noche». Se dice que acompaña las almas que mueren al atardecer guiándolas a la luz antes del nuevo día. Custodia nuestra evolución y crecimiento espiritual.

El Arcángel del Este
Su aura es de color azul turquesa resplandeciente y abarca todo el planeta.
Su elemento es el agua y es el encargado de velar nuestros sueños y premoniciones. Se dice que al amanecer se hace visible a los hombres.
Es el vigía de nuestro camino hacia la espiritualidad.

Los Regentes de las Cuatro Estaciones

Las cuatro estaciones también están gobernadas por principados, así distribuidos:

Estación del año	Ángel regente
Primavera	Spugliguel
Verano	Tubiel
Otoño	Torquaret
Invierno	Attarib

Los Cuatro Coros de las Alturas

Según las escrituras, existen los Ángeles de las Alturas formados por cuatro coros asociados a los puntos cardinales. Los Príncipes de cada altura se presentan de acuerdo a su misión y jerarquía: así encontramos que los Príncipes de la Primera Altura defienden a la humanidad, los de la Segunda Altura velan por la manifestación del amor divino en el corazón humano, los Príncipes de la Tercera Altura derraman su bálsamo sobre la naturaleza cada día y los de la Cuarta Altura traen los dones del Espíritu Santo. Los nombres de los Príncipes de las Alturas son los siguientes:

De la Primera Altura:
Barachiel, Gabriel, Helison Arimiel y Lebes.

De la Segunda Altura:
Armon, Alphiriza, Genon, Geron y Gereimon.

De la Tercera Altura:
Elomina, Eliphaniasal, Gedobonai,
Gelomiros y Taranaya.

De la Cuarta Altura:
Deliel, Gebiel, Gedi, Barachiel y Capitiel.

Se les representa en forma de niños vestidos de un color relacionado con su labor para indicar la pureza de sus atributos.

Los Príncipes Angelicales

Son los ángeles de mayor poder. Gustav Davidson, en su obra *Diccionario de los ángeles*, y otros autores nos han acercado los nombres de estos príncipes angelicales o Sarim, entre los que encontramos:

Metraton	Príncipe de los siete Arcángeles
Miguel	Príncipe de las Alturas
Uriel	Príncipe de la Tierra
Rafael	Príncipe de la Salud y Sabiduría
Gabriel	Príncipe de la Anunciación y la Esperanza
Anael	Príncipe del Amor
Camael	Príncipe de la Justicia
Raziel	Príncipe de la Humanidad
Sandalfon	Príncipe de la Tierra (hermano de Metraton)
Zadquiel	Príncipe de la Divinidad y Abundancia

Irim	Príncipes gemelos de la Justicia Divina
Qaddisin	Príncipes gemelos que rigen la Corte Celestial
Akatriel	Príncipe de las Revelaciones
Anafiel	Príncipe del Carruaje Divino
Raguiel	Príncipe de la Divina Presencia
Jeoel	Príncipe de la Comunicación
Radueriel	Príncipe del Libro de la vida
Barakiel	Príncipe de los Serafines
Calgaliel	Príncipe de la Rueda del Sol
Rikbiel	Príncipe del Carruaje Divino junto con Anafiel
Soferiel Mehayye	Príncipe del Libro de la Vida y de la Muerte
Soferiel Memeth	Acompaña a Mehayye en su labor
Soged Hoz	Príncipe de la Balanza y la Espada del Señor

Chayyiel	Príncipe de los Serafines
Shemueil	Príncipe Mensajero
Suriel	Príncipe de la Buena Muerte
Yofiel	Príncipe de la Ley Divina
Azbugah	Príncipe del Trono de Dios junto con otros Ángeles.
Yefefiah	Príncipe de los Misterios de la Vida
Zadzagel	Príncipe de la Gran Sabiduría

Su intercesión ante el trono de Dios es de un gran valor. Pueden ser invocados en situaciones de trascendencia mundial o en los rituales altos y más sagrados.

Los Dones Celestiales

Según la tradición hebrea, los seres humanos recibimos un don divino de cada coro angelical, entre los que se destacan:

De los Serafines:

Fortaleza y Fe en Dios.

De las Virtudes:

Triunfo.

De los Querubines:

Iluminación y Sabiduría.

De las Principalidades:

Control del Medio Ambiente.

De los Tronos:

Conocimiento sobre el Mundo Visible e Invisible.

De los Arcángeles:

Control sobre las Criaturas de la Tierra.

De los Dominios:

Perseverancia y Salvación.

De los Poderes:

Control de los Enemigos.

De los Ángeles:

Voluntad Divina.

La Jerarquía Angelical

Esta división de las órdenes angelicales proviene de la tradición cabalística, que se fundamenta en los Séfiros del Árbol de la Vida (que son diez). Se conoce como La Jerarquía Angelical de Maimónides, quien nos dejó esta clasificación:

1 - Chaiot ha Quadesh.

2 - Eufenines.

3 - Erelines.

4 - Chasmalines.

5 - Serafines

6 - Malakines. Virtudes

7 - Elohines. Arcángeles

8 - Bene Elohines. Ángeles

9 - Querubines.

10 - Ishimes.

Los Séfiros se corresponden con cada uno de los atributos del Árbol de la Vida, que es el distintivo de la Cábala. El Dios infinito y poderoso Ein Sof se revela a sí mismo a través de emanaciones de la divinidad que forman el Árbol de la Vida. Los Sefiros son canales por los cuales Dios envía su luz y bendiciones.

Los cabalísticos afirman que esas emanaciones se reflejan en nuestras almas y cuerpos, ya que fuimos creados por esa misma divinidad. Podemos conectarnos a través de esos Séfiros y ascender espiritualmente con meditación, oración y prácticas espirituales.

Estas emanaciones de Dios (sefirot) son:

Keter	Coronilla/ Iluminación
Binah	Comprensión
Hokman	Sabiduría
Gevurah	Justicia Divina
Hesed	Amor/ Misericordia/ Bondad
Tiferet	Belleza/ Compasión
Hod	Esplendor
Netzah	Triunfo/ Victoria
Yesod	Fundación/Origen
Malkhut	Reino

Otras regencias angélicas

Ángeles de la Naturaleza

Son los encargados de mantener el equilibrio de las energías de la naturaleza. Pertenecen al coro de las Virtudes y su papel es preponderante, pues envían caudales de energía de luz descendente para contrarrestar el daño que estamos ocasionando a la Madre Tierra. Encontramos en esta clasificación a los ángeles de los bosques, de los mares, de las aves, de los peces y criaturas marinas, etc.

Los Ángeles de las Actividades

Son los ángeles que rigen las profesiones, los trabajos, la creatividad y todas las actividades de los hombres. Podemos invocarlos para desarrollarnos en nuestra área con la guía y la voluntad divina de estos ángeles. A esta división pertenecen: Los ángeles de la justicia, de la ciencia, de los músicos, de los artistas, de los creativos, etc.

Los Ángeles de los Sentimientos

Son los ángeles que desean brindarnos emociones positivas y sanadoras, se les asocia con los valores y las virtudes humanas, estos son: los ángeles de la bondad, de la esperanza, de la caridad, de la compasión, del perdón, de la paz, de la alegría, etc.

Los Ángeles de las Relaciones

Estos Ángeles son los que nos acompañan durante nuestra vida en todas las relaciones que tenemos, laborales, familiares, espirituales, etc. Entre ellos, encontramos: los ángeles de la familia, de los hijos, de los hermanos, de los jefes y compañeros de trabajo, de los vecinos, de las amistades, etc.

El Ángel de la Guarda

Los ángeles guardianes pertenecen al noveno coro. Su concepto existe en muchas religiones y tradiciones. En la Biblia se menciona a estos ángeles:

MATEO 18:10
«Miren que no menosprecien a uno de estos pequeños. Porque les digo que en cielo los ángeles de ellos contemplan siempre el rostro de mi Padre celestial»

Santo Tomás de Aquino, filósofo, afirma en su obra *Summa Teológica* que el Ángel de la Guarda se encuentra al lado del hombre durante toda su vida y aún después de su muerte. La Iglesia Católica enseña sobre los Ángeles guardianes a los niños desde muy pequeños, y casi todos conocemos la oración:

Oración del Ángel de la Guarda

«*Ángel de mi guarda,*
Dulce compañía, no me desampares,
Ni de noche ni de día,
no me dejes solo, que me perdería»

Nuestro ángel guardián nos guía siempre pero no está autorizado a intervenir ni alterar el orden de las cosas, a menos que lo invoquemos y solicitemos su asistencia, nuestro libre albedrío debe conducirnos voluntariamente a Dios.

Pertenecen al noveno coro y tratan de comunicarse con nosotros por distintos medios, lo más común es que sea esa vocecita interior que a veces nos previene de eventos o circunstancias hostiles. Si seguimos nuestra intuición y aprendemos a desarrollarla podríamos lograr verdaderos cambios. Los ángeles nos ofrendan la intuición y la sabiduría como regalo divino.

La tradición esotérica también nos advierte de la existencia de *La sombra* o *El ángel del mal*, cuya influencia se traduce en sentimientos de envidia, venganza, celos o destrucción. Hay una lucha constante entre el ángel de la guarda y esta sombra. Por eso se afirma que cada uno de nosotros elige con sus decisiones seguir el camino del bien o del mal. Así ha sido representado en los dibujos animados como un angelito y un diablito de cada lado encima de los hombros de la persona susurrando al oído y tratando de convencerla a seguir el buen camino o actuar mal. Porque el verdadero campo de batalla entre el Bien y el Mal está en el interior del hombre.

Lo importante, como decía la protagonista de la película «Estigmata», «no es el mensajero». A veces, ni siquiera el mensaje. Lo importante es qué hace el receptor del mensaje con esas señales divinas.

Este es el sentido del libre albedrío, atributo que le pertenece solo al hombre, somos nosotros con nuestras decisiones los que escogemos el camino del bien o del mal, podemos decir que cada diez segundos elegimos, cada diez segundos tenemos pensamientos positivos o negativos, ¿Qué escogemos?. Es muy simple, sólo pregúntate: ¿Esto que estoy pensando, sintiendo o haciendo, es bueno, bello y verdadero? Si la respuesta es SÍ, ¡entonces procede!

A partir de hoy pide a los ángeles que te ayuden a elegir sólo pensamientos positivos y a tomar decisiones correctas, ya verás que cada día serán más las acciones positivas que salgan de tu corazón.

Existe un ritual sencillo para conocer el nombre de nuestro ángel guardián. Debemos prepararnos mentalmente para contactarlo, pues recuerda que los ángeles son entidades cósmicas de mucha luz y poder infinito. Será nuestra pureza de corazón y la energía inconciente la que dé lugar al encuentro.

Debes alimentarte sanamente con vegetales y frutas. Vístete de blanco porque este color simboliza la pureza y la iluminación. Puedes preparar tu lugar de meditación, colocando incienso, velitas y una música acorde a la divinidad que deseas manifestar o atraer. A los ángeles también les gustan las flores, así que puedes comprar nardos, rosas o tus flores favoritas. Necesitarás un recipiente con aceite de oliva y una hojita de laurel.

Antes de iniciar cualquier ritual debemos cerrarnos y proteger nuestro campo de energía, pues nos abriremos a otras dimensiones más sutiles y no siempre de la misma vibración, por eso imagina un círculo de luz blanca cristal envolviéndote y expandiéndose por toda la habitación, siente que es como un escudo de protección contra los ángeles caídos, entidades o sombras oscuras.

Cierra tus ojos, comienza a respirar y a conectarte con la energía de la luz de los ángeles. Realiza la siguiente invocación:

«Amado Ángel de la Guarda, se que estás aquí conmigo dime tu nombre mientras sonrío».
«Amado Ángel mío dime tu nombre, en ti confío»

Cierra nuevamente tus ojos y regálale una sonrisa a tu bello Ángel Guardián. Permanece así en ese estado de quietud y con alegría interna. Repite este saludo siete veces. El nombre de tu ángel vendrá a tu mente de forma rápida y telepática.

Cuando lo hayas percibido y tu alma reconozca el nombre del ángel guardián, dale la bienvenida a tu vida y asegúrate de decirle cuánto lo amas. Toma el aceite y haz una cruz en tu frente, con este pequeño ritual estarás sellando tu relación con tu Ángel Guardián para siempre.

Oración
(Himno de la Liturgia de las Horas)

Ángel santo de la guarda,
compañero de mi vida,
tú que nunca me abandonas,
ni de noche ni de día.

Aunque espíritu invisible,
sé que te hallas a mi lado,
escuchas mis oraciones
y cuentas todos mis pasos.

En las sombras de la noche,
me defiendes del demonio,
tendiendo sobre mi pecho
tus alas de nácar y oro.

Ángel de Dios, que yo escuche
tu mensaje y que lo siga,
que vaya siempre contigo
hacia Dios, que me lo envía.

Testigo de lo invisible,
presencia del cielo amiga,
gracias por tu fiel custodia,
gracias por tu compañía.

En presencia de los ángeles,
suba al cielo nuestro canto:
gloria al Padre, gloria al Hijo,
gloria al Espíritu Santo. Amén.

A Nuestro Ángel Custodio

Ángel mío protector
Dame la fuerza de realizar
Los propósitos de crecimiento interior
De colaboración y de servicio.

Mi voluntad es pura,
Potenciada con tu fuerza.
Ayúdame en las cosas cotidianas,
En las materiales y espirituales.

Desarrolla en mí tus dotes,
que yo vea mis defectos
y que posea compasión y paciencia.

Guía mis pensamientos, los deseos, las acciones
Hacia aquello que es más justo
Para mi crecimiento espiritual,
Y dame la capacidad de aceptar
Lo que yo no logro comprender.

Al Ángel Custodio

Oh Dios, que en tu misteriosa Providencia
Mandas del cielo a tus Ángeles para
nuestra custodia y protección,
Haz que en camino a nuestras vida
Podamos ser sustentados con su ayuda y alcanzar con ellos
La eterna felicidad. Por Cristo nuestro Señor.

(Liturgia de los Ángeles Custodios)

Oración para la intercesión de los Ángeles

Nuestro ángel protector y aliado,
Acoge y transforma nuestros pensamientos de amor
Abre tus puertas entre tu mundo de luz
Y nuestro mundo de niebla
Nuestros pasos por el puente que nos une
Y que este puente sea largo y seguro
Acerca a tus hermanos a nosotros
Para que escuchen nuestra llamada.
Aleja la niebla de la materia
Para que vean nuestras ansias de amor
Y nuestro puro corazón
Dejad las puertas abiertas, para que, cuando os invoque,
Pueda sentiros cerca.
Con vuestra ayuda, que nos sea dado
proteger, consolar, sanar.
Que podamos ayudar al que sufre
En su cuerpo y en su espíritu.
Vuestra presencia como guía extiende nuestro conocimiento,
Porque conocer es servir.

El Encuentro con un Ángel

El siguiente relato narra la experiencia de mi amigo Humberto Sánchez, quien tuvo la dicha de ver a su Ángel Guardián y quien comparte con nosotros esa experiencia hermosa.

Mi Ángel

El 3 de febrero de 1995, a sólo un mes de haberse ido aquella que fue mi guía espiritual por más de 30 años, me encontraba sentado en mi cama, sumergido completamente en mi duelo, cuando de pronto, me di cuenta de que allí frente a mí, de perfil, elevado como a un metro del suelo, mirando hacia mi derecha y con una rodilla doblada en genuflexión, estaba un ángel.

Embelesado ante tal visión, maravillado ante tan magnífico ser, no quería ni podía perderme un sólo detalle: parecía un gallardo adolescente de hermosa figura nada andrógina, cabello color de madera clara y rizos sueltos que le cubrían la frente, llegaban a los hombros. Ataviado con una amplia túnica color rosado con tintes azafranados, de muchos pliegues atados a la cintura, y facturada en una especie de gasa de luz que se mantenía en constante movimiento debido a una suave brisa imperceptible para mí.

Sus brazos cubiertos por grandes pliegues de las mangas, los llevaba doblados al frente, con las palmas de sus perfectas manos elevadas a la altura de su cabeza y dirigidas hacia el rostro, su mirada se perdía en el infinito. De piel blanco rosado, nunca había visto rostro igual, la línea que unía la amplia frente y la nariz dibujaba una graciosa y perfecta curva que recordaba a la del ángel de la «Anunciación» de Leonardo. Y si el cuerpo era esplendoroso, no lo eran menos el par de inmensas alas de luz dorada que partían a todo lo largo de su espalda, describiendo amplias curvas dirigidas en movimientos envolventes hacia adelante y atrás.

Absorto ante el movimiento de sus alas tuve un primer pensamiento, que me permitió darme cuenta que estaba completa-mente despierto, me dije «mira bien, las alas no son de plumas de gallina, sino de luz dorada, y admirado reconocí que los pintores renacentistas inobje-tablemente los vieron, y al pintarlos, pasaron muchísimo trabajo para representar tal perfección».

Esos pensamientos se disiparon al sonido de una poderosa voz que me sobresaltó, más no me asustó: «Lo importante no es como soy, sino lo que hago». En ese momento reparé en algo más, partiendo del centro del ángel, y en todas las direcciones salían a una elevadísima presión, rayos de aire-luz que al tomar distancia de su fuente perdían velocidad y tomaban forma como de trompeta e intentaban colorearse en una nubecilla de algo que era sólo una promesa de lo que llamamos color en la Tierra. Así estuve no sé cuánto tiempo, maravillado ante la multiplicidad de colores y movimientos cambiantes, la bella imagen se fue desdibujando lentamente en un tiempo impreciso, para quedar finalmente sólo una inmensa esfera de luz dorada rodeada de nubecillas de múltiples colores.

Arrobado, completamente mudo y lleno de un inmenso temor reverente así permanecí no sé cuánto tiempo, sin saber realmente cuando volví en mí y sin poder precisar si aquello tan maravilloso me había ocurrido realmente, porque era demasiado para caber en mí... y todavía hoy me pregunto ¿Cómo fue que me hice merecedor de tal visión?

José Humberto Sánchez
Caracas, agosto de 2008

Desde tiempos remotos los seres humanos han creído en la existencia de los Ángeles, hay evidencia que en la antigua Babilonia se creía en seres celestiales o divinidades, lo que permite concluir que esta creencia no surge del cristianismo como muchos piensan.

A través de toda la historia, el concepto del ángel ha sufrido transformaciones, modificaciones tanto en su significado dentro del ámbito del pensamiento como en su representación en la imaginación del hombre. Sin embargo, su origen y naturaleza como deidad o divinidad se ha mantenido incólume hasta nuestros días.

Los ángeles desean que comprendamos la necesidad de despertar hacia un nuevo estado de conciencia, por esto es que cada vez un número mayor de personas descubren su espiritualidad; entendiendo que los adelantos de la era moderna en todos los niveles del conocimiento (científicos, tecnológicos, informáticos, etc.), a veces nos alejan del verdadero sentido de la vida.

También hay que considerar los problemas a los que actualmente se enfrenta la humanidad: como las guerras, el hambre, las enfermedades, el caos.

Todo lo anterior constituye un daño incuantificable
para el planeta y la Madre Tierra. Surge la necesidad de
reconocer que la humanidad debe detenerse
y buscar un camino que le permita encontrar la paz
y el respeto por la vida y el planeta. Es en esta tarea que los
ángeles pueden apoyarnos y brindarnos su guía.

Llegará el momento en que la comunicación entre
hombres y ángeles se dará de manera natural, ya sea en
forma directa o telepáticamente. Nos encontramos en un
periodo de transición muy importante.
¿Por que no colaborar con su misión?
¿Por qué no recibir sus mensajes y servir como canales de
su amor, bondad y paz a través de nuestras acciones?

Si dudamos, si tenemos miedo, si nos causamos daño
unos a otros y nos enfrentamos, nos estaremos
debilitando y dando paso a otras fuerzas negativas,
alejando de nosotros a los ángeles
quienes vienen a cumplir su misión.

La Nueva Era ha retomado el mensaje de los
Ángeles desde diversas fuentes, tales como el cristianismo,
el judaísmo, el hinduismo, hasta llegar a la espiritualidad
original (pura en esencia), donde la fuente divina es Dios el
Creador y la religión una sola, la universal,
y el lenguaje uno solo, la paz.

Lo resaltante como almas participantes de este
proceso de evolución es que podemos aportar
«nuestro granito de arena» en la búsqueda de la
armonía y el equilibrio interior, lo que nos llevará a
transitar por un sendero que conduzca a la verdadera
paz de la humanidad.

«La paz de la humanidad nace
primero en el corazón del hombre».

El nombre de los ángeles

Es importante resaltar que en la Biblia sólo se mencionan por su nombre tres ángeles: Miguel, Rafael y Gabriel. Mucha de la información sobre los ángeles proviene de otras fuentes como el Talmud, escritos rabínicos (incluyendo la Kabalah) y hebreos. Otras religiones también nos enseñan sobre los ángeles y su intercesión ante Dios por la humanidad. Los libros apócrifos han aportado al conocimiento de los ángeles mucha información, y el Libro de Enoch brinda un amplio marco de referencia sobre los nombres de muchos ángeles. Ahora bien, en casi todas estas fuentes los arcángeles más reconocidos y aceptados son solamente cuatro, incorporándose a estos nombres el de Uriel.

Cada uno de estos grandes arcángeles tienen sus funciones bien delineadas, entre quienes encontramos: Miguel, que está a cargo de los ejércitos celestiales; Gabriel, que es el mensajero de Dios y quien nos aporta inspiración, intuición y comunicación; y Rafael que es el guardián de la humanidad, nos brinda curación y compasión. A ellos se suma Uriel, que es el intérprete de las profecías y nos trae sabiduría y conocimiento.

LIBRO DE ENOCH I :1-8
« Y estos son los nombres de los sagrados
Ángeles que velarán,
Uriel, uno de los Ángeles sagrados,
quien está sobre el mundo y sobre el Tartarus.

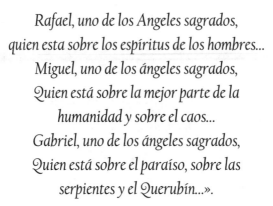

Rafael, uno de los Angeles sagrados,
quien esta sobre los espíritus de los hombres...
Miguel, uno de los ángeles sagrados,
Quien está sobre la mejor parte de la
humanidad y sobre el caos...
Gabriel, uno de los ángeles sagrados,
Quien está sobre el paraíso, sobre las
serpientes y el Querubín...».

Los ángeles y la Nueva Era

En la Nueva Era se dan a conocer siete grandes arcángeles, quienes regentean con su rayo (energía del color) cada área de la vida de los seres humanos. Entre ellos se encuentran Jofiel, encargado de la iluminación y la sabiduría, Chamuel, que domina el amor divino y Zadquiel, quién está a cargo del perdón y la transmutación. En ese aspecto, podemos observar el siguiente cuadro, que relaciona cada arcángel con su rayo de correspondencia:

Lunes	Jofiel	Rayo Dorado
Martes	Chamuel	Rayo Rosado
Miércoles	Gabriel	Rayo Blanco
Jueves	Rafael	Rayo Verde
Viernes	Uriel	Rayo Oro-Rubí
Sábado	Zadquiel	Rayo Violeta
Domingo	Miguel	Rayo Azul

Atributos de cada rayo para el trabajo espiritual con los Arcángeles:

Rayo Dorado	*Sabiduría, iluminación, paz, silencio, humildad, perfección*
Rayo Rosado	*Amor divino, gratitud, adoración y ternura*
Rayo Blanco	*Pureza, ascensión, alegría, esperanza y guía espiritual*
Rayo Verde	*Curación, ciencia, concentración, consagración, verdad y justicia divina*
Rayo Oro–rubí	*Suministro de dinero y de todo lo bueno y gracia divina*
Rayo Violeta	*Invocación, transmutación, misericordia, compasión, liberación y perdón*
Rayo Azul	*Protección, fe, fortaleza y autoconfianza espiritual*

Los grandes arcángeles

El Arcángel Miguel

Descripción: Ángel del Sol. Es el Arcángel de Fuego, del Este y del Sur. Ángel del primer rayo y de la Tierra. Es el arcángel protector, de la fuerza, la fe, la luz y el color.

Día de la Semana: Domingo.

Rayo: Azul o anaranjado.

Número: Uno.

Planeta: Sol.

Piedras: Zafiro, cuarzo blanco, diamante, cuarzo citrino, ágata azul.

Flor: Rosa, girasol, dalia, geranio, orquídea.

Metal: Oro.

Signo: Leo.

Elemento: Fuego, regente del Norte y del Cuarto Cielo.

Símbolos: espada y balanza, cadenas, escudo, lanza.

Velas: Azul y Blanco.

Miguel es el Arcángel Solar por excelencia. Representa al Sol desde que nace por el Este hasta que se oculta por el Oeste. Se le refiere también como el «Gran Príncipe,» donde el término «príncipe» parece connotar niveles de autoridad entre los ángeles.

> DANIEL 12:1
> *«Entonces se levantará Miguel, el Gran Príncipe*
> *protector de su pueblo. Habrá un periodo de*
> *angustia como no lo ha habido jamás desde*
> *que las naciones existen».*

El Arcángel Miguel es el protector del ser humano y el encargado de luchar contra el mal. Se le representa con una armadura y una espada. Aunque también podemos encontrarlo con una lanza (que simboliza la fuerza de Dios, sobre Satanás, que adopta la forma de serpiente o dragón que se arrastra). La espada flameante derrota las fuerzas oscuras, devolviéndoles la luz a sus protegidos.

San Miguel fue el que arrojó del Cielo a Lucifer y a los ángeles que le seguían y quien mantiene la batalla contra Satanás y demás demonios para destruir su poder y ayudar a la iglesia militante a obtener la victoria final. El nombre de Miguel significa «quien como Dios».

También se le ha asociado con una balanza, pues defiende la justicia por sobre todo y su celebración es la más antigua de las instituidas en honor de los ángeles. Es el guardián de los ejércitos cristianos contra los enemigos de la Iglesia y como protector contra los poderes diabólicos.

Es Miguel quien presenta las almas de los difuntos a la luz del Paraíso, «la luz santa prometida a Abraham y a su descendencia». En la liturgia, la Iglesia nos enseña que este arcángel está dispuesto a custodiar el paraíso y llevar a aquéllos que podrán ser recibidos allí. Miguel es el Arcángel del pueblo hebreo.

A la hora de la muerte, se libra una gran batalla: Miguel está al lado del moribundo y el demonio tiene el tiempo contado antes de hacer caer en la tentación con engaños y artificios al alma que está por desprenderse del cuerpo.

La bondad de Miguel es tan grande como su poder. Bajo sus órdenes, todos los ángeles trabajan por la protección de los hombres.

En él encontramos el modelo de todas las virtudes. Él procede en todas sus acciones con perfecta calma y nos muestra claramente que la modestia, la dulzura y la paciencia son las mejores armas contra nuestros enemigos

El Arcángel Miguel en el Antiguo Testamento

En el libro de Daniel, Dios envía al Arcángel Miguel para asegurarle a Daniel su protección (Dn. 10:13 - 12,1) y ayudarlo a guiar al pueblo de Israel por el desierto.

EN EL LIBRO DEL ÉXODO (23: 20-23),
EL SEÑOR DIJO A LOS ISRAELITAS:
«Yo voy a enviar un ángel delante de ti,
para que te proteja en el camino y te conduzca
hasta el lugar que te he preparado.
Respétalo y escucha su voz.

No te rebeles contra él, porque no les perdona las
transgresiones, ya que mi nombre está en él.
Si tú escuchas realmente su voz y haces todo
lo que yo le diga, seré enemigo de tus enemigos y
adversario de tus adversarios.
Entonces mi ángel irá delante de ti...»

En el libro de Judas encontramos que San Miguel tiene una disputa con el diablo por el cuerpo de Moisés que había muerto. Obedeciendo el mandato de Dios, San Miguel escondió la tumba de Moisés, ya que la gente por intervención de Satanás querían rendirle culto y llevar a los Israelitas al pecado de idolatría.

JUDAS 9:
«Ni siquiera el arcángel Miguel,
cuando argumentaba con el diablo disputándole
el cuerpo de Moisés, se atrevió a pronunciar
contra él un juicio de maldición, sino que dijo
«¡Que el Señor te reprenda!».

Hoy en día los judíos invocan al Arcángel Miguel como el principal defensor de la sinagoga y como protector contra sus enemigos. En sus oraciones concluyen diciendo: «Miguel, príncipe de misericordia, ora por Israel».

El Arcángel Miguel en el Nuevo Testamento

En el Nuevo Testamento San Miguel es muy importante pues continúa su poderoso papel de defensor y protector de la humanidad. Libra la batalla contra Lucifer y los ángeles rebeldes que fueron arrojados del cielo.

APOCALIPSIS 12, 7-9

«Entonces se libró una batalla en el cielo: Miguel y sus Ángeles combatieron con el Dragón y éste contraatacó con sus ángeles, pero fueron vencidos y expulsados del cielo...»

El emperador Constantino, luego de recibir y atender los signos del cielo antes de la batalla contra el ejército del Emperador Macerio, atribuyó a este arcángel las victorias sobre sus enemigos, y por ello construyó en su honor un santuario cerca de Constantinopla: «El Micheleion». Este lugar pasó a ser un sitio de peregrinación, donde muchos enfermos recibieron sanación por la intercesión de San Miguel.

En Italia, en la zona del Gargano, ocurrieron hechos milagrosos en el año 500, donde apareció Miguel y fue visto por el Arzobispo Siponto. Miguel pedía que se le construyera un santuario en una gruta, donde serían perdonados los pecados. Esta misión era difícil, pues fue imposible poder construir en ese lugar tan inaccesible.

Unos tres o cuatro años después Miguel volvió a aparecer, diciendo que el lugar ya había sido erigido. El Arzobispo se dirigió a la gruta, donde encontró un altar construido en mármol. Se dice que sobre la roca de mármol se encuentran las huellas del Arcángel Miguel. El lugar se convirtió en un sitio de peregrinación visitado por cientos de personas. Se lo conoce como «El monte del Ángel», dotado de una energía angélica extraordinaria.

En el siglo VII se difundió por todo el mundo la figura del Arcángel Miguel, y Carlo Magno lo consagró como el patrono de todo el Imperio. Estos patronatos continuaron en Francia por varios siglos. Miguel es el regente de aquellos tiempos en que la inteligencia del hombre se ha visto tocada por el pensamiento divino.

Podemos invocar a San Miguel Arcángel como remedio contra el mal y los espíritus infernales que se han desencadenado en el mundo moderno. San Francisco de Sales escribió: *«La veneración a San Miguel es el más grande remedio en contra de la rebeldía y la desobediencia a los mandamientos de Dios, en contra del ateísmo, escepticismo y de la infidelidad.»*

Si deseamos su protección, debemos invocarlo y él derramará sobre nosotros su luz protectora, que nos resguardará del mal.

Plegaria a San Miguel
(Exorcismo de León XIII)

¡Oh! San Miguel Arcángel,
Defiéndenos en la batalla;
Frente a la perfidia y los envistes del demonio.
Que Dios ejerza sobre él su imperio
Te lo rogamos con súplicas,
Y tú Príncipe de la celeste milicia,
Repele su infierno, por la virtud divina,
Satán y los espíritus malignos, que vagan por el mundo,
Buscando la perdición de las almas.

Oración al Arcángel Miguel
Protección, Fe, Fortaleza y Autoconfianza Espiritual
Arcángel Miguel, Príncipe de la Luz, toma mi alma
todas las noches mientras duermo y llévala contigo a
tus planos espirituales, para así disipar toda sombra de
oscuridad que esté envolviendo mi vida.
Instrúyeme para ser un canal de tu fe y que al despertar me
encuentre fortalecido y protegido. Amén

Himno Litúrgico

Vencedor de la luz,
Terror de las tinieblas sobre la tierra,
Miguel, a la mínima llamada
tu grito atravesará los siete cielos:

¿Quién es como Dios?
Allí donde la fuerza no puede bastar
Donde el peligro se hace más grave
¡Tú puedes levantar el poder del Señor!
¡Fuego vertical, tu espada no perdona!
En la rama más seca
Como en la raíz del corazón
¡La presencia del Señor!

Ángel de justicia recuerda
que la muerte no es definitiva
Si el ser espera, de su salvador
¡La sentencia del Señor!

(Fiesta a San Miguel)

El Arcángel Jofiel

Descripción: Es el Arcángel del Segundo Rayo, del rayo amarillo-dorado y del elemento Tierra. Representa la iluminación, la disciplina, la sabiduría, la grandeza y la renovación espiritual. Regente de Querubines y Tronos.

Días de la Semana: Lunes y jueves.

Signos: Sagitario y Acuario.

Elemento: Fuego.

Números: 2 y 5.

Color del Rayo: Amarillo oro, anaranjado.

Planetas: Saturno, Júpiter y la Luna.

Piedras: Topacio, cuarzo blanco, sodalita, amatista, perla, peridoto, zafiro azul.

Flores: Clavel. Amapola. Orquídea.

Velas: amarilla y anaranjada

Es el Arcángel de la sabiduría celestial, de la comprensión, de las enseñanzas, del ingenio, de la intelectualidad, de la inmortalidad. Es también el Arcángel de los estudiantes y de los maestros. Es uno de los siete Arcángeles que están en presencia de Dios desde la Creación. Se invoca su protección en momentos en que necesitamos claridad mental, iluminación y estabilidad.

Su luz representa la percepción divina, la sabiduría, la omnisciencia y la ubicuidad. Jofiel y sus ángeles actúan permanentemente para llegar al corazón de todos los seres humanos, sus alas nos cubren con su aura dorada de resplandor divino que transmiten toda su sabiduría.

Si deseamos conocer el reino angelical, Jofiel nos guiará con certeza hacia allí, pues una de sus tareas es acercarnos a la iluminación y orientarnos en el camino espiritual.

Por estar asociado al planeta Saturno, rige a los intelectuales y escritores, artistas, profesionales, etc. Dirige la hueste angélica que lleva a la humanidad hacia la iluminación y la sabiduría divina. Se le suele identificar con el Ángel Yefefiah, el príncipe de la Justicia Divina y su misión es hacer comprender a la humanidad su deber de continuar en la fe más allá del conocimiento racional o científico que alcance.

Oración al Arcángel Jofiel

Sabiduría, Iluminación, Paz, Silencio, Humildad, Perfección Arcángel Jofiel, todas las noches mientras duermo, toma mi alma y llévala contigo a tu retiro espiritual para que sea impregnado con la luz dorada que emana desde tu corazón, que contiene sabiduría e iluminación y para ser entrenada por ti para caminar en este mundo físico, irradiando palabras de sabiduría y viviendo siempre desde la paz. Amén.

El Arcángel Chamuel

Descripción: Regente de Potestades y Arcángeles, del Tercer Rayo y del Quinto Cielo. Arcángel del amor y la alegría, de la búsqueda, la fortaleza, el vigor y la acción.

Signos: Aries

Elemento: Aire.

Piedras: Cuarzo rosado, jaspe rojo, diamante, rubí, coral, ágata de sangre, cuarzo ahumado y granate.

Planetas: Marte y Venus

Número: 3.

Flores: Clavel rojo, rosa, amapolas.

Metales: Hierro y plomo.

Rayo: Rosado cristal.

Día: Martes.

Velas: Rosada y fucsia

Su nombre significa «El que ve a Dios», y es el Príncipe regente del coro de los Poderes y uno de los siete Ángeles de la Divina Presencia. Es el Arcángel del amor divino incondicional. Cuando hay amor en nuestro corazón podemos «ver a Dios», reconociendo que sólo el amor integra y une a la humanidad. De allí que sea el amor la única realidad que provee la substancia con la que los Ángeles del rayo rosado favorecen la felicidad, la paz, la armonía y la dicha. Cuando hay soledad, abandono, tristeza, debemos acercarnos a Chamuel quien nos ayudará a proyectar el amor desde nuestro corazón.

Algunas tradiciones dicen que el Arcángel Chamuel fue el ángel que luchó contra Jacob y el ángel que confortó a Jesús durante su agonía en el huerto de Getsemaní. También se atribuye al Arcángel Chamuel el pronunciamiento del juicio divino en la Torre de Babel cuando la ira de Dios provocó la confusión de las lenguas, vinculándolo con el fuego oro/rubí que descendió de los cielos cuando el Ángel llevo a cabo la encomienda de Dios.

A Chamuel se le ha llamado Samael lo que se presta a confusión, pues este Ángel es controversial, y se le conoce como el Ángel de la guerra, regente de Marte y de Aries. Sin embargo no puede ser asociado totalmente a estas fuerzas, pues se le han dado también otros nombres de ángeles que representan el amor, la pureza y la bondad.

Arcángel Chamuel

Amor Divino, Gratitud, Adoración y Ternura
Chamuel, hermoso Arcángel del amor divino escucha la
voz de mi corazón y llévame contigo mientras duermo,
en las envolturas sutiles de tu ser. Envuélveme en tus alas
y enséñame para ser un canal de amor para todos los seres
que habitan el planeta. Ayúdame para que toda energía
discordante que provenga de mí, pueda ser disuelta
por tu amor y misericordia. Amén

El Arcángel Gabriel

Descripción: Arcángel del Cuarto Rayo, de la vida, la creación, la revelación, la paz, la misericordia, la esperanza, la verdad, la fecundidad, la pureza, la encarnación, la resurrección y los cambios. Mensajero de la Vida y del Espíritu Santo. Regente de los Querubines. Gobernador del Primer Cielo y del Sur.

Signo: Cáncer.

Número: 4.

Rayo: Blanco.

Mes: Enero.

Día: Lunes o Miércoles.

Velas: Morada o blanca.

Elemento: Agua.

Símbolos: Cetro, heraldo, lirios.

Piedras: Cuarzo blanco, amatista, cornalina, perlas.

Planeta: Luna y su aura espiritual cubre al planeta Urano.

Gabriel es mencionado por su nombre en la Biblia, lo encontramos en:

LUCAS 1: 26-31:
«Al sexto mes el ángel Gabriel fue enviado por Dios a una ciudad de Galilea, llamada Nazaret, a una virgen desposada con un varón que se llamaba

> José, de la casa de David, y el nombre de la Virgen
> era María. Y entrando el Ángel en donde ella
> estaba dijo: «¡Salve muy favorecida!
> El Señor está contigo; bendita tú entre las
> mujeres». Más ella cuando le vio se turbó por sus
> palabras y pensaba qué salutación sería ésta.
> Entonces el ángel le dijo:
> «María, no temas, por que haz hallado favor con
> Dios Y ¡mira!, concebirás en tu vientre y darás a
> luz un hijo y llamarás su nombre Jesús».

Su nombre es «Varón de Dios o Fortaleza de Dios». Una traducción de su nombre es «Gobernador de la Luz». Es el anunciador de mensajes y de la palabra divina. Se le representa con una azucena en la anunciación a María y con un lirio en la mano derecha que simboliza la pureza.

Se le relaciona con otros dos eventos: el primero, la aparición a Zacarías y Elizabet anunciando que debían prepararse para recibir a su hijo, Juan Bautista (Lucas 1: 5-25). También se dice en una antigua leyenda que fue Gabriel quien anunció el nacimiento de Sansón.

Es llamado, por su relación con las anunciaciones, el Ángel de la Esperanza. También se le invoca cuando se esperan mensajes o anuncios importantes, pues es el mensajero divino.

Gabriel es mostrado también con una trompeta en el juicio final. Se dice que Gabriel es el encargado de guiar a los espíritus de la tierra hasta su encarnación. Ha sido dibujado por innumerables artistas como Da Vinci, Rafael, Dante, Martín, Rubens por la relevancia de su anunciación a María.

Las mujeres que desean ser bendecidas con la maternidad le piden a Gabriel que interceda en su favor. En el momento de la concepción, las legiones de Gabriel descienden a la materia las manifestaciones de la creación. Otra criatura acompañará al embrión al cuerpo que deberá encarnar y permanecerá junto con el nacido toda su vida haciéndose su custodio. Estas historias son hermosos relatos de la labor que desempeñan los Ángeles al momento de la concepción.

Una historia fascinante tiene que ver con el arcángel Gabriel como el Ángel del nacimiento. Cuenta que el Arcángel Gabriel escoge las almas que van a nacer en el cielo, les enseña la misión que van a cumplir en la tierra y luego juntos hacen un juramento de mantener en secreto ese mensaje. También Gabriel y sus legiones custodian a los niños especiales, a los embarazos de alto riesgo y los casos de infertilidad.

Podemos invocarlo para superar etapas difíciles en nuestra vida, controlar hábitos nocivos o cuando deseemos inspiración, intuición o purificación. En la actualidad, a Gabriel se lo considera como el Arcángel que trae paz, esperanza, alegría y amor a la humanidad. Se le solicita su intervención cuando queremos dejar atrás etapas de nuestra vida y resurgir o recomenzar.

Cuando la rutina nos agota, estamos cansados, aburridos o desanimados el Arcángel Gabriel nos ayuda a comenzar de nuevo, nos sostiene en sus alas y nos levanta.

Plegarias a San Gabriel

Arcángel San Gabriel,
Ángel de la encarnación,
abre nuestros oídos,
A las dulces advertencias,
Y a las apremiantes llamadas del Señor.
Sigue guiándonos,
te lo rogamos,
para que podamos entender bien
la palabra de Dios,
para que lo sigamos
y cumplamos lo que él desea de nosotros.
Ayúdanos a seguir despiertos,
para que, cuando llegue,
el Señor no nos encuentre dormidos.
Amén

Arcángel Gabriel

Pureza, Ascensión, Alegría, Esperanza y Guía Espiritual Arcángel Gabriel, llena mi corazón y mi alma con tu luz blanca incandescente para que la esperanza y la alegría me acompañen siempre. Ayúdame para que pueda servir a todos los seres que se acerquen a mí.
Amén.

El Arcángel Rafael

Descripción: Ángel de la Alborada. Arcángel del Sol y del Aire. Jefe del Coro de las Virtudes. Gobernador del Quinto Rayo, del Oeste.

Planetas: Mercurio y Sol.

Signos: Géminis y Virgo.

Metales: Mercurio y platino.

Flor: Rosa amarilla.

Piedras: Aventurina verde, jade, ágata, esmeralda y lapislázuli.

Número: 4.

Días: Miércoles y jueves

Rayo: Verde claro. Regente del Segundo Cielo.

Símbolos: Pescados, caduceo de mercurio, perro, bastón, varas, un camino.

Velas: Verde, blanca, amarilla o azul claro.

Es el Arcángel Jefe de las legiones de Ángeles sanadores. Su nombre significa «Dios ha sanado». Desde los tiempos antiguos esa es su misión. Sus dominios abarcan también la química, la farmacia y la medicina. Médico Celestial y musa de todos los médicos.

En el Antiguo Testamento, Rafael se presenta ante Tobías camuflado como Azariah y le acompaña y protege durante su viaje, salvándolo de peligros y acechanzas. Rafael le enseña a Tobías como hacer un exorcismo con el corazón de un pez y devolver la vista a su padre con la bilis del pez. Por lo que dicen las escrituras, se le representa con un cayado en la mano y un pez. Es el guardián de la investigación científica. Es el dominador de la constelación de Virgo y bajo su regente Mercurio se encuentran médicos, enfermeras, sanadores, etc. Sería maravilloso que los representantes de la investigación científica abrieran un espacio para utilizar y creer en su energía, pues ellos podrían imbuirse de su poder sanador a través de la intuición, que guiaría al médico hacia la sanación del paciente.

Puede ser invocado en las enfermedades y contra los poderes del mal. Es el rector de la fuerza física, el brillo personal y el éxito. Los estudiantes también utilizan sus oraciones, pues ayuda en todo lo relacionado con papeles, libros, contratos, etc.

Protección para la Ceguera Espiritual
Acude en mi auxilio te lo suplico
Glorioso Príncipe San Rafael
El mejor médico de las almas y los cuerpos.
¡Oh! Tú que has curado los ojos de Tobías,
Otorga a mis ojos la luz física
Y a mi alma la luz espiritual
Aleja de mí todas las tinieblas
A través de tus súplicas celestes; Amén

Plegarias a Rafael

Glorioso Arcángel San Rafael,
Gran príncipe de la corte celestial,
Ilustre por los dones de la sabiduría y la gracia,
Guía de los viajeros en la tierra y en el mar,
Consuelo de la infelicidad y refugio de los pecadores,
te suplico que me asistas en todas mis necesidades
Y los dolores de esta vida, como has sostenido al
joven Tobías en sus peregrinaciones.

Porque eres el remedio de Dios,
Te suplico humildemente, si merezco esa gracia,
Que cures mi alma de sus numerosas enfermedades,
Mi cuerpo de los dolores que lo afligen.

Te ruego en particular una pureza angélica
Para merecer ser el templo viviente del
Santo Espíritu.
Amén.

Arcangel Rafael

Curación, Ciencia, Concentración,
Consagración, Verdad y Justicia Divina
Arcángel Rafael, sana mi alma de todo dolor, angustia o
desesperación. Baña con tu luz verde esmeralda mi cuerpo
físico para armonizar todo desequilibrio que haya en mí.
Curando mi cuerpo y mi alma con tu luz infinita
siento la paz en mi corazón. Amén

El Arcángel Uriel

Descripción: Arcángel del Fuego, de la Energía Vital y la Justicia. Regente de los Serafines y Querubines. Gobernador del Este.

Planetas: Urano

Piedras: Cornalina, esmeralda, ópalo (si su signo es Libra), citrino, lapislázuli y amatista.

Flores: Lila, rosa, margarita, magnolia, violeta.

Signo: Acuario

Metales: Cobre y Oro.

Símbolos: Pergamino, libro, espada flamígera, llama de Dios en la mano.

Rayo: Oro, anaranjado y rubí.

Velas: Anaranjada y oro.

Mes: Septiembre.

Día: Viernes.

Es el arcángel sobre el que menos se ha escrito. Su nombre significa «Fuego de Dios». Se le representa con un olivo, que simboliza la paz, o con una llama. También suele representárselo con un inmenso libro de sabiduría en la mano izquierda. Puede ayudarnos a encontrar nuestra luz interior, a descubrir el conocimiento para ayudar y curar, y también a descifrar nuestras intuiciones y presentimientos. Es el arcángel que protege de los cataclismos, del trueno, inundaciones, movimientos de tierra y erupciones volcánicas.

Se cree que es el ángel que Dios envió a Noé para avisarle de la llegada del diluvio. Su labor es hacer de guía a los patriarcas y profetas. Enoch, en una de sus visiones relata como Uriel le describe un lugar en los cielos donde son amarradas las almas pecadoras. También se relata un encuentro del Arcángel Uriel con Esdrás, quien se postró a sus pies y pidió perdón por su falta de entendimiento a los mandatos de Dios.

Uriel es considerado como severo en sus castigos a quienes ofenden al Padre, pues se dice que a los que blasfeman contra el Creador, Uriel los extingue sobre llamas colgándolos de sus lenguas.

Arcángel Uriel

*Suministro de Dinero y de todo
lo Bueno y Gracia Divina.
Arcángel Uriel, toma mi alma todas las noches y
llévala a tu retiro espiritual para que pueda recibir en mi
aura tu rayo del suministro de dinero, de todo lo bueno y
la gracia divina celestial. Ayúdame a mantener el estado
mental con los pensamientos positivos para convertirme en
un imán que atraiga todo lo bueno para mí. Amén*

El Arcángel Zadquiel

Descripción: Arcángel de la Tierra. Regente de las Dominaciones y del Séptimo Rayo, de la transmutación, de la sabiduría, la comprensión, la abundancia, la justicia y la misericordia de Dios.

Piedras: Amatista, turquesa, alejandrina, sodalita, topacio, cuarzo ahumado, ala de ángel, amazonita, lágrima de apache.

Flores: Jazmines, gladiolos, violetas, alcatraces.

Días: Sábado por el Rayo Violeta o jueves, por ser regente de Júpiter.

Planetas: Saturno y Júpiter.

Rayo: violeta.

Número: 7.

Metales: Estaño y plomo.

Símbolos: Sacramentos, cáliz, cruz.

Número: 7.

Signos: Sagitario.

Velas: Verde oscuro o violeta.

Es el Arcángel de la Justicia Divina, de la benevolencia, de la transmutación, del perdón y de la compasión. Ángel de las ceremonias, su majestuosa hueste responde al llamado siempre que exista una ceremonia para elevar el espíritu y dar gracias al Creador. Es Príncipe del Coro de los Dominios y uno de los regentes del cielo.

El arcángel Zadkiel se manifiesta y transmuta en ofrenda a nuestro padre toda la nobleza que emana de nuestro corazón. Se le representa con un rayo en la mano. Fue el que detuvo la mano de Abraham cuando iba a sacrificar a su hijo Isaac.

La mejor forma de invocarlo es con pensamientos puros, intenciones nobles, palabras tiernas, actos de bondad.

Arcángel Zadquiel

Invocación, Transmutación, Misericordia, Compasión, Liberación, y Perdón
Amado Zadquiel libera mi alma
de todas mis imperfecciones, derrama los
fuegos luminosos de color violeta sobre mí,
y ayúdame a convertirme en una
persona mejor cada día. Amén

El Lenguaje de los Ángeles

El hebreo es el lenguaje utilizado por Dios y sus Ángeles, según se desprende de varios libros apócrifos, y tal como también lo señala la Biblia en el Apocalipsis. Sin embargo, según la tradición rabínica, esto cambió cuando se erigió la Torre de Babel, que era construida por los hombres con la finalidad de «alcanzar el cielo».

Este hecho enfureció a Dios, quien detuvo la construcción de la Torre y confundió a los hombres haciéndolos hablar en diferentes lenguas, incomprensibles para unos y otros. De allí se cree que los ángeles, en su carácter de intermediarios entre Dios y los hombres, aprendieron también todas las lenguas que se originaron para ese momento.

El Alfabeto Angelical

Los cabalísticos señalan que el lenguaje de los ángeles es parecido al hebreo, no contiene vocales y sus letras culminan en forma redondeada en las puntas. No se sabe porqué las letras tienen esa forma, pero se cree que los círculos encierran el misterio de la vida y la chispa divina en cada terminación de la letra.

Existen cuatro alfabetos angelicales compuestos por entre veintidós y veintitrés letras. Se les llama tanto alfabeto angelical como celestial. Sus orígenes vienen del estudio de la Cábala.

Estos alfabetos han sido utilizados para escribir cartas a los ángeles en su propia lengua, sustituyendo la letra en hebreo por la letra del alfabeto angelical. En realidad, para escribirles a los ángeles podemos hacerlo en nuestra lengua natal, pues ellos reciben nuestras peticiones incluso si lo hacemos telepáticamente (por transmisión de pensamientos). Hacemos mención al alfabeto angelical a titulo de información y conocimiento.

Ahora bien, cuando son los ángeles los que desean comunicarse con nosotros el lenguaje es diferente ya que ellos no escriben cartas, se comunican por distintas vías que exceden los recursos de comunicación humana.

Ellos conocen exactamente nuestra vibración, que les es mostrada por nuestro campo de energía o aura. Para los ángeles, por tanto, conocer nuestros sentimientos y emociones es sencillo, tienen ese don natural. Puedes imaginar que tu aura desprende luz y que ellos pueden acercarse a ti de acuerdo a la vibración que emites, es por eso que a los ángeles los atraemos con sentimientos de paz y amor.

El lenguaje de los ángeles puede ser:

1 - Telepático: Forma de transmisión de pensamientos. Podrás escuchar frases en tu mente mientras estás realizando una meditación, como una lluvia de ideas o imágenes en tu mente. A veces como respuestas oportunas a tus interrogantes.

2 - Gráfico: Los mensajes pueden llegar a ti a través de signos, símbolos o sueños que podrás descifrar con disciplina y constancia. Anota en tu diario tus sueños y esos símbolos que llaman tu atención, cuando mires de cerca, encontrarás los mensajes escondidos en los datos recogidos.

3 - Creativo: Los ángeles podrían valerse de cualquier evento que ocurra para transmitir la información, mantente receptivo y con la mente abierta. Todo puede ocurrir cuando se trata de mensajes del cielo.

4 - Perceptivo: Ellos te escuchan, perciben lo que sientes y conocen tus anhelos. Te sentirás colmado de un inmenso amor, lo que despierta en ti un caudal de emociones, puedes llorar, sentir cosquillas en tu cuerpo físico, pureza en el corazón, etc. No te contengas, permite que tu alma exprese tus emociones.

5 - Psicográfico: Esta forma de transmisión de mensajes no todos pueden experimentarla, pero existe. Es cuando recibes un dictado celestial o canalizas un mensaje

que viene de la divinidad. Consiste en escribir lo que recibes en estado de semi-conciencia. Acostumbra a llevar un cuaderno de meditación, así el día que recibas alguna información podrás transcribirla sin interrupciones.

El contacto angelical

Para iniciar nuestra comunicación con el reino angélico, debemos cumplir con ciertas recomendaciones, las cuales harán posible que se lleve a cabo de manera amable y sin contratiempos.

1 - Ten fe y confianza

La premisa es confiar y creer que el contacto es posible. Recuerda que los ángeles te atenderán siempre que les des espacio en tu vida y confíes en ellos. El pensamiento escéptico y distorsionado nos aleja de los mensajes divinos.

2 - Pide protección divina

Antes de iniciar tu contacto o meditación, pide protección a entidades superiores, pues nos estamos abriendo a planos diferentes al nuestro. Cada vez que abrimos un portal de luz se abren también portales de oscuridad, por lo tanto debes cerrar tu campo energético antes de iniciar tu contacto angelical.

Cuando contactamos planos más sutiles, podemos ser invadidos por alguna energía de menor vibración que puede impregnar nuestra aura. No existen secretos ni recetas exactas. Puedes decir algo tan simple como esto: «Divinos ángeles de luz guíenme y no permitan la entrada a seres de menor vibración a la Luz Divina».

3 - Abre tu mente

Los Ángeles conocen nuestros pensamientos, de manera que si nos preparamos adecuadamente y pedimos con el corazón su presencia ellos acudirán. Una vez que hemos decidido abrir nuestra mente y corazón, podemos hacer nuestro llamado. Al hacerlo, comprobarás que tu experiencia será inolvidable.

4 - Presta atención

Si prestas atención te darás cuenta de las señales que te están enviando diariamente, ellos dejan sus huellas en todas partes. Aprende a leer entre líneas, a escuchar más allá de las palabras, a comprender las señales celestiales. Sólo presta atención a la cotidianidad con los ojos del corazón, verás que rápidamente te conectarás con esa energía de luz y la irradiarás.

5 - Haz tu llamado

Los Ángeles son nuestros guías, puedes invocarlos para las cosas más simples o cotidianas. Ellos nos ayudan y auxilian siempre. Cuando debemos elegir entre dos opciones, podemos invocar a los ángeles con la certeza de que ellos nos indicarán el camino.

6 - Mantén la pureza en tu cuerpo físico

La energía angélica es muy sutil y debes prepararte para recibirla. Debemos cuidar nuestra alimentación.

Preferiblemente no consumir carne, ni café o bebidas alcohólicas por lo menos 24 horas antes de iniciar el contacto. Puedes vestir de blanco o colores claros y revisar también tus emociones, ya que debe vibrar acorde con la energía divina que deseas manifestar, porque si estás alterado o molesto esos sentimientos afectarán tu comunicación con el reino de la luz.

7 - Mantén el amor en tu corazón y claridad en tus intenciones

Los ángeles te escucharán siempre que emane de ti un profundo amor y compasión. Ellos perciben tu pureza y les encanta tu claridad de intención, así que muéstrales lo que llevas dentro y deja fluir esos sentimientos de ti.

8 - Lleva un cuaderno de anotaciones

Debemos registrar en lo posible todo lo que recibimos durante la meditación. Anota tus percepciones, emociones, interpretaciones. Después vendrá la tarea de comprender y unir los puntos entre un mensaje y otro.

9 - Consulta las Cartas de los Ángeles.

Después de tu meditación o comunicación, puedes usar tus cartas de ángeles como si se tratara de un oráculo. Recibirás siempre el mensaje correcto y perfecto para ti. Es maravillosa la forma que tienen los ángeles de darnos su aliento y consejo.

Tu Primer Contacto Angelical

Todos podemos percibir y atender los mensajes de los ángeles si aquietamos nuestra mente y permitimos que el silencio ocupe todo a nuestro alrededor. Para contactar con nuestros ángeles sólo debemos desear de corazón su asistencia, y pronto de uno u otro lado comenzaremos a recibir las señales indicadas. No existe un ritual específico ni uno mejor que otro.

Mi recomendación es abrir nuestra alma y esperar el momento oportuno. Necesitas refugiarte en un lugar fresco, limpio y en el que puedas estar cómodo. Elige este espacio para que sea tu sitio para meditar, orar o simplemente dejarte llevar y evocar recuerdos y experiencias ya vividas. Puedes encender unas velas del color del rayo del ángel con el que desees trabajar y colocar varitas de incienso del aroma que más te agrade, lo que te ayudará a conectarte con tu ser interno y entrar en un estado de relajación más fácilmente.

Si acompañas tu momento de luz o contacto angelical con la música adecuada, ya tendrás un ambiente acogedor y propicio para recibir los mensajes de los ángeles y llenarte de su hermosa energía. Puedes crear tu propio altar colocando imágenes u objetos que tengan un significado místico o importante para ti.

Para comenzar, realiza una invocación o una oración
que abra tu comunicación con las esferas de luz (sin olvidar
antes sellar el campo energético de la habitación).
Luego de efectuar tu invocación permanece en quietud,
escucha tu corazón y percibe la hermosa energía a tu alrededor.
Puedes exponer tus dudas o inquietudes y esperar atento
por las señales o respuestas, las cuales llegarán a ti como
pensamientos; flashes de visiones o sueños.

A continuación te presento una Oración de Protección
y una invocación para que puedas iniciar tu primer
contacto con el mundo angelical. ¡Mucha suerte durante
tu experiencia!

Oración de protección

Yo soy un ser de luz y de amor, sosteniendo
el cetro del amor divino en mi vida.
Solicito la divina asistencia del amado Arcángel Miguel y
sus legiones de ángeles para la protección de mi
alma y la de mi hogar.
Yo estoy manifestando el orden y la paz en todo mi
ser con la presencia del amado Miguel a mi lado.
Que así sea. Amén

Invocación a las legiones de ángeles

Con todo el amor que fluye y emana de mi corazón
yo los invoco amados ángeles y arcángeles de luz
para que escuchen este llamado y me envuelvan en
sus alas, llevándome consigo a otros planos de
luz blanca cristal, azul, dorada y verde.
Ayúdenme a permanecer abierto y atento para
recibir los mensajes que deba recibir y la guía
acertada a todas mis inquietudes e interrogantes.
Inunden este recinto con la sabiduría, la iluminación
y el amor que alberga en sus corazones; para que yo pueda
humildemente comprender mi plan divino y los
designios de mi alma para esta vida.
Que así sea, Amén.

Los resultados de tu comunicación angélica.

Lo primero para reconocer los resultados de nuestra comunicación angélica es centrarnos en nuestro corazón y sentir... ¿Cómo te sientes? ¿Hay armonía en tu alma? ¿Hay correspondencia entre tus pensamientos y emociones? ¿Te invade una sensación de paz y plenitud profunda?

Respondiendo estas preguntas sabrás si estas en el camino correcto. Pues no se trata sólo de realizar una invocación y perder la comunicación. Los ángeles nos dicen que debemos tenerlos presentes en nuestra vida cada día, saber que están allí, cerca para cuando los necesitemos, o simplemente para regalarnos ese bálsamo de dulzura y alegría en nuestros corazones.

Hay que comprender que los ángeles desean que soltemos nuestras penas y vivamos alegres de corazón, porque cuando estamos preocupados ellos no pueden asistirnos, al contrario, perdemos todo contacto al instante. Considero que una actitud de levedad atraerá a tu vida la belleza y la armonía del reino angelical, algo así como vivir en el cielo pero en la tierra. Cuando llevas una vida angélica te diferencias del resto de las personas, aprendes a vivir la simpleza de los detalles y estás más lleno de energía y felicidad.

Ante los obstáculos, vibrarás de manera diferente pues tu mismo nivel de energía angélica impedirá que te conectes con bajas energías y pensamientos negativos. Recuerda la ley de atracción que dice «vibración igual atrae vibración igual». Para atraer a los ángeles en tu vida, y vivir en el corazón como ellos desean que lo hagas, debes estar vibrando en su misma sintonía.

Un escudo de protección contra esas energías bajas o de menor vibración es tener una reserva de pensamientos y sentimientos nobles. Esto lo logramos conectándonos con la pureza de la naturaleza, fuente de energía primera o brindando a nuestra alma regalos de belleza y armonía, como son el arte y la música.

Llénate de alegría, de música suave, ten pensamientos elevados, sonríe y cualquiera con quien te encuentres notará esa aura diferente que emana de ti, lo que no sabrá es que estás rodeado de cientos de ángeles que harán emanar de ti su luz y belleza.

Los resultados de tu comunicación angelical los notarás así:

1 - Los mensajes y respuestas llegarán a ti

Los ángeles nos facilitarán el camino, los encuentros con las personas adecuadas, la solución a problemas o inconvenientes. Te mostrarán la manera de conocer o cumplir tu misión de vida. Todas las situaciones tendrán otro sentido pues mirarás más allá de los hechos, estarás atando cabos sueltos para construir tu vida maravillosa.

2 - Dejarás al Universo las riendas de las cosas

Cuando tenemos problemas o se presentan obstáculos debemos soltarlos a la divinidad. Dios se encargará y nos enviará su respuesta con estos hermosos mensajeros. Esta es la llamada Ley del Desapego, dejamos nuestras peticiones o inquietudes claramente definidas y las soltamos a la divinidad. Luego los ángeles las llevarán directo al cielo donde se quedarán hasta que sea el momento adecuado de que recibas respuesta. Mientras esto sucede, tú estarás liviano, confiado en que todo lo que pasa es para tu bien y felicidad.

3 - Atraerás la abundancia a tu vida

Siempre que confíes y sueltes tu apego a las cosas materiales, los ángeles te llenaran de la abundancia divina, lo que atraerá dinero, oportunidades, negocios, personas, en fin, estarás vibrando en la frecuencia de la plenitud y la abundancia.

4 - Te sentirás alegre y liviano

Este comportamiento liviano pasará a formar parte de tu vida sin que apenas lo notes. Debes conservar la calma ante las dificultades y tratar de sostener el mayor tiempo posible tu estado de ánimo en equilibrio, así los ángeles permanecerán a tu lado y te guiarán siempre.

5 - Manejarás la aceptación en todas las situaciones.

La energía angelical te ayudará a aceptar las situaciones de la vida con mayor calma y madurez. Si adoptas esta actitud, aceptando las situaciones tal y como se presenten, te sentirás tranquilo y sereno.

6 - Tendrás armonía en tu corazón.

Existe una ley universal que nos dice que «como es adentro, es afuera». Si sostenemos el amor en nuestro corazón ¿Qué otra cosa podrá manifestarse para nosotros en el mundo físico? «Abre tu corazón y lo que recibirás provendrá siempre de esa misma fuerza que es el amor».

SEGUNDA PARTE

Luz de los ángeles

Experiencias angélicas

Desde siempre y en todas las épocas se ha sabido de experiencias angélicas vividas por personajes de la historia, incluyendo intelectuales, científicos, religiosos, filósofos, etc. Vamos a presentar algunas de ellas, estas historias se encuentran muy documentadas, y han servido como guía para quienes se interesan por conocer cómo han sido percibidos los Ángeles por los seres humanos.

San Francisco de Asís

Nació en 1182. En su juventud, se dedicó a las armas y durante una misión al sur de Italia se vio obligado a recluirse en un hospicio por una enfermedad. Mientras estaba convaleciente escuchó una voz celestial que le decía que debía abandonar su carrera militar y dedicarse a servir al Señor. Así se inició en el camino de la entrega y del amor a Dios.

San Francisco tuvo una visión en la que se abrían los cielos y descendía un Serafín con alas resplandecientes. Esta criatura le mostraba debajo de sus alas la crucifixión de Jesús. Al presenciarla, San Francisco fue invadido por una profunda compasión que le hizo doler el pecho.

Su experiencia no puede ser descrita con las palabras de los hombres: lo que vio y sintió no puede ser jamás expresado. Cuando desapareció la visión, el Santo había recibido en su cuerpo estigmas que rememoraban la pasión de Cristo (las señales de los clavos en manos y pies). Pero fue su corazón el que cambio y había sido transformado para siempre.

Juana de Arco

Nació en 1412 y su vida duró 19 años. Era una doncella muy pobre que más tarde se convertiría en heroína de Francia. Juana comenzó a tener manifestaciones excepcionales desde pequeña: veía luces y escuchaba voces que la guiaban y le decían lo que tenía que hacer. Ella afirmaba que el Arcángel Miguel y sus legiones de ángeles se le aparecían, y que podía verlos perfectamente en toda su gloria. Ellos le indicaron el camino a seguir para rescatar a Francia del poderío de los ingleses. En la Corte, le dijo al heredero del trono de Francia que pronto sería proclamado Rey; que Dios la había enviado a comunicárselo. En efecto, tiempo después el heredero fue coronado Rey, y en la ceremonia de coronación estuvo presente un ángel, que fue visto por todos los invitados. Años después, Juana fue entregada a los ingleses, acusada de brujería por escuchar voces, y condenada a la hoguera. Después de su muerte fue proclamada Santa.

Santa Teresa de Ávila

Vivió en España entre los años 1515 y 1582. Era hermana de la Orden de las Carmelitas, estuvo siempre rodeada de hechos excepcionales: visiones, visitas angélicas, etc. Se dice que un día mientras rezaba, escuchó una voz que le dijo que *ya no hablaría más con los hombres, sino con los Ángeles*, y a partir de ese momento pudo escuchar claramente las voces de los ángeles. En uno de sus encuentros, vio a los ángeles como niños muy bonitos, que irradiaban una luz amorosa que podía sentirse desde lejos.

Emanuel Swedenborg

Nació en Estocolmo en el año 1688, era un científico, teólogo, y filósofo. Escribió más de 150 libros, y dedicó su vida al estudio científico con un acentuado registro espiritual. La psique humana constituía para él un misterio, y deseaba conocer y profundizar sobre este tema. Analizó los sueños, y encontró que a través de éstos se unía el mundo visible con el invisible.

En sus obras, narra sus encuentros con Dios y sus ángeles (ya que participaba del mundo invisible con gran naturalidad). Afirmaba que los hombres podían ver a los ángeles si así lo deseaban, que éstos poseen un cuerpo similar al humano, de rasgos perfectos, rodeado de una inmensa luz. Decía que los Ángeles son agentes de Dios, pero que esto no les atribuía ningún poder.

Su experiencia y estudios influyeron en poetas como Blake y Goethe, psicólogos como Jung y filósofos como Newton, Kant y Voltaire, quienes se sintieron atraídos por sus obras y llegaron a reconocer la importancia de su testimonio.

María Lataste

Nació en Francia y vivió en un monasterio, donde dedicó su vida completamente a Dios desde 1822 hasta 1847. Fue instruida sobre la función que cumplen los ángeles en la tierra directamente por Jesús. Su testimonio y experiencias quedaron guardados en su diario y anotaciones, donde relataba su aprendizaje y evolución.

En el trabajo de Pascal Darbins que narra la vida de María Lataste, se señala esta instrucción: la unión entre hombres y ángeles es eterna, de alma a alma, los lazos que los unen son muy fuertes. Los ángeles traen al hombre iluminación, mensajes e instrucción. El hombre se elevará para comunicarse con los ángeles en un entendimiento fluido y trascendental.

El Ángel de la Guarda aleja los males, lucha contra los enemigos y los protege de los obstáculos o peligros siempre. Permanecerá al lado de los hombres y al momento de la muerte, los llevará de regreso a Dios.

Padre Pío

Nació en una familia muy pobre en 1887. Fue llamado por el Señor y vivió toda su vida en un monasterio en Puglia. Juan Pablo II lo proclamó Santo en el año 2002. Francisco Forgione (Padre Pío) tuvo frecuentemente experiencias angélicas, se comunicaba con su Ángel Guardián al que veía seguido, tanto como a los Ángeles Guardianes de otras personas. Tuvo visiones, apariciones y ataques de la oscuridad. En las cartas que enviaba a sus fieles aparecen extractos de estos episodios narrados por él mismo.

Afirmaba que cada hombre tenía asignado por Dios un ángel, que velaba por él y lo protegía: este Ser Celeste al que se refería, es el Ángel Custodio.

Todos podemos tener un encuentro angelical, no se necesita ser místico ni tener un conocimiento profundo de la materia y del espíritu para vivir o presenciar una intervención angélica.

Los ángeles y las distintas zonas de la vida

Antes de entrar a considerar cada zona clave de tu vida y conocer cómo pueden asistirte los ángeles en cada una de ellas, deben estar dadas ciertas condiciones en ti; pues el proceso de evolución y crecimiento personal requiere que aclares tus sentimientos y emociones. Esta es la base en la que se sostiene todo camino espiritual. La mejor forma de sincerar nuestras emociones es siguiendo estos tres pasos:

1) Ser honestos: Debemos comenzar por ser honestos con nosotros mismos y con los demás. La honestidad puede llevarnos a reconocer nuestros errores, para poder evolucionar en un camino de sanación y crecimiento personal. Reconoce tus errores, las condiciones reales de tu momento presente y tu actual descontento. Si tienes algún problema, debes reconocer que lo tienes y que deseas profundamente generar un cambio en ti. Pídele al Arcángel Miguel que te ayude a sobrellevar el dolor o sufrimiento que pudiera causarte echar un vistazo a tu pasado y a tus equivocaciones.

2) Compromiso personal: Debes comprometerte contigo mismo en mantener firme tu intención de fortalecer tu fe y tu camino espiritual. Cuando hay la voluntad de cambiar y con la ayuda adecuada superamos fácilmente los obstáculos y nuestros propios límites. Comprométete contigo mismo a iniciar tu viaje a la felicidad y autoconfianza.

3) Alegría: En tu corazón debe haber alegría, pues en ese estado de ánimo es más fácil que los ángeles se acerquen a ti. Mantente optimista, ligero y cualquier tarea que emprendas se revertirá en tu beneficio.

La influencia angelical abarca todo lo creado, todo lo que existe en el universo y toda actividad que realizamos, todo está dentro del ámbito de la luz angelical. Por eso, en las distintas zonas clave en las que el hombre se desenvuelve actúan regencias particulares.

Pretender conocer y limitar el conocimiento del universo angelical a una única clasificación resulta imposible y caeríamos en un desconocimiento de las tradiciones y religiones que también han estudiado el reino angélico a lo largo de la Historia. Lo fundamental sería comprender que existe gran cantidad de ángeles que pueden asistirnos y ayudarnos en cada zona de nuestra vida.

Los ángeles participan en el área especifica que les solicitemos porque hay ángeles dispuestos a protegernos y custodiar a nuestra familia, otros que nos consuelan ante el dolor o la pérdida, otros tantos que acompañan a los enfermos y a los inválidos, otros que nos ayudan en nuestra salud y la de los amigos y familiares, otros más que intervienen para mejorar el diálogo con nuestras pareja o hijos, además de ángeles que iluminan a los artistas, entre otras posibilidades.

Para seguir en compañía de los ángeles debemos ser confiados y confiar en su guía. Ellos nos acompañarán en el camino del crecimiento personal y la autoconfianza espiritual.

Para cada situación que estemos viviendo; sea cual sea el lugar donde nos encontremos, lo que estemos sintiendo, y la actividad que estemos realizando, siempre estamos rodeados de cientos de ángeles que están esperando nuestra llamada para asistirnos y apoyarnos.

A lo largo de este capítulo estaremos presentando algunos testimonios de personas que han sido asistidas en situaciones de peligro. Otras han vivido experiencias de sanación y algunos testimonios describen cómo la fe convocó a los ángeles, quienes obraron verdaderos milagros. Estos relatos se mantienen exactos en los eventos o circunstancias que narran, pero en algunos han sido modificados los nombres y el lugar por petición de algunos de sus protagonistas.

«*Hay una sola religión: la religión del Amor.*
Hay una sola raza: la raza de la Humanidad.
Hay un solo lenguaje: el lenguaje del Corazón.
Hay un solo Dios y es Omnipresente».

Bhagavan Fri Sathya Sai Baba

Fe

El Poder de la Fe y la Ayuda Celestial

«No se vive sin la fe. La fe es el conocimiento del significado de la vida humana. La fe es la fuerza de la vida. Si el hombre vive es porque cree en algo».

León Tolstoi

HEBREOS 11:1
«Fe es tener la plena seguridad de recibir lo que se espera; es estar convencidos de la realidad de las cosas que no vemos».

HEBREOS 11:6
«Pero no es posible agradar a Dios sin tener fe, porque para acercarse a Dios, uno tiene que creer que existe y que recompensa a los que buscan».

MATEO 21:22
«Y todo lo que ustedes, al orar, pidan con fe, lo recibirán»

Ha quedado demostrado en innumerables ocasiones, y confirmado por centenares de personas en sus testimonios, que el poder de la fe cambió sus vidas. Hemos escuchado las frases que dicen «La fe mueve montañas» y «Por su fe lo reconoceréis». La fe es la respuesta del hombre al Dios que se manifiesta en el amor a sus hijos. La fe, que es la fuerza interior del hombre, es la más importante de todas las virtudes en la búsqueda de la felicidad.

En el camino de la vida, la fe es el primer requisito con el que debemos contar. ¿Por qué? Porque la fe es la fuerza capaz de cambiar el rumbo de las cosas. Para creer que esta aseveración es válida, podemos recordar la última vez que creímos y confiamos en algo simplemente de corazón, sin la interferencia de nuestra mente. Trata de recordar un evento en tu vida donde te hayas dejado llevar por algo más que tu convicción, donde el instinto te guió.

¿Recuerdas esa situación donde prácticamente todo fluyó en perfecto orden por que tú creías? ¿Cómo le llamarías a eso? Esa es la fuerza de la fe que conjuntamente con tu ser interior te llevaron por el camino correcto.

La fe debe nacer en ti mismo, no es tangible. Podrías trabajarla, buscarla y conseguirla pero requerirá de una verdadera intención y de honestidad. Hay quienes se acercan a Dios cuando se presentan situaciones difíciles en sus vidas: divorcios, enfermedades, accidentes, etc., y entonces claman a los cielos en medio de la angustia y la desesperación. Pero no es necesario esperar a sentirnos derrumbados para cultivar la fe dentro de nosotros. El ser humano debe buscar la verdad a través Dios y es la fe la que acompañará este recorrido.

No podemos alcanzar el cielo con perseverancia; el cielo es la gracia de Dios. Si admitimos esta aseveración y la consideramos cierta, se cristalizará en fe. La fe no puede comprarse de ninguna manera, no con bondad, ni con piedad ni con nuestras mejores cualidades, méritos o virtudes; con nada. Es un regalo; lo único que podemos hacer es aceptarlo.
Hazrat Inayat Khan

Otras veces contamos con esa fuerza dentro de nosotros, pero hemos sido tan duramente golpeados o conmovidos por situaciones difíciles, problemas o circunstancias con las que nos enfrentamos día a día, que nos perdemos. Nos sentimos a la deriva, sin esperanza, nos olvidamos que somos hijos de Dios, que podemos acudir a su amor y recuperar nuestro rumbo. Hay personas que reniegan de Dios y señalan: «Me he peleado con Dios porque no me oye». «Dios es injusto». «¿Dónde está Dios cuando ocurren tantas desgracias?», etc.

Dios tiene su forma de hacer las cosas, y posiblemente en un momento difícil no podemos ver ni entender sus designios, pero si volvemos la mirada hacia atrás en el tiempo comprenderemos su gran sabiduría y misericordia.

Detrás de todo mal aparente se encuentra siempre un bien supremo, sólo hay que esperar y confiar. Esa es la fe que sustenta al hombre y la que los ángeles quieren que se mantenga viva en nuestras vidas y corazones. Ellos trabajan constantemente para que no nos rindamos y continúan su labor contra la oscuridad por toda la eternidad, pues confían en la humanidad y aspiran que podamos elevarnos espiritualmente.

En los momentos de desesperación, de angustia o soledad los ángeles pueden ayudarnos, pero debemos confiar en nosotros mismos y sostenernos en la fe, ellos llevarán nuestras angustias al Padre quien nos regocijará en su paz y amor divino.

La luz del Arcángel Miguel

Para fortalecer nuestra fe podemos pedirle asistencia al Arcángel Miguel, portador de la fe y la fortaleza espiritual. Miguel es el primer Arcángel que te contactará, escucharás a alguien hablar de él, llegará a ti un libro con su Historia, una imagen de él, una estampa, estarás rodeado de personas que se llamen Miguel o encontrarás tiendas, letreros o mensajes relacionados con su nombre. La manera en que se comunica contigo es diversa pero lo importante es que estés atento y sigas sus señales.

En el plano humano, Miguel nos ayuda a conseguir el éxito, la afirmación, la fortaleza, a superar la duda y los obstáculos. Es invocado de muchas maneras para evitar conjuros, hechicería o magia negra, ya que es el vencedor de las fuerzas del mal.

Puedes buscar más información sobre este maravilloso Arcángel, sus apariciones e intervenciones divinas están muy documentadas en libros, revistas e Internet. Solamente leer este libro es de por sí una manera de iniciar un contacto con el reino angelical, pues cuando hablamos de ángeles y nos rodeamos de su energía, estamos abriéndonos a esa dimensión sutil y maravillosa y ellos desde donde están pueden percibirlo.

Los ángeles anhelan que la humanidad vibre en una frecuencia de sentimientos elevados, de amor infinito, que dejemos de lado el concepto de la separación y del odio. Ellos buscan estar cerca de ti iluminándote y guiándote, esa es su labor, que realizan espontáneamente y llenos de alegría. Miguel te dice:

«Amado, reconfórtate en tu Fe al Creador, yo estoy a tu lado para apoyarte y fortalecerte en tus miedos, angustias y necesidades, cobíjate en mí, y yo te guiaré al corazón de Dios».

Con su escudo protector Miguel te defiende del mal. Él está continuamente batallando contra la oscuridad por el equilibrio de las energías del planeta, para evitar que la humanidad sucumba ante el horror y la miseria. Son los sentimientos vanos los que debilitan al hombre y sus actos están siempre determinados por sus pensamientos.

Somos los humanos con pensamientos negativos y energías bajas los que causamos el caos, destruyendo el medio ambiente, con la tortura de animales, la violencia y el miedo, todo ello no es más que la falta de amor en nuestros corazones.

Pensamientos bondadosos retribuirán siempre al hombre con bondad a su alrededor, y lo mismo sucede en sentido inverso: si nos llenamos de preocupaciones, miedos, odio y separación, más y más estaremos contribuyendo con las guerras, las enfermedades, el abuso, y otras calamidades.

El Arcángel Miguel, junto con sus legiones protectoras del planeta y de la humanidad, nos invitan a pensar positivamente, a elevar nuestra vibración de energía, nivel de conciencia, a tener siempre fe en Dios, para que ellos perseveren en su lucha, alentados por nuestras acciones.

Elevando tu vibración de energía

Es muy importante mantener pensamientos positivos, pues esto contribuye a elevar nuestra vibración de energía. El pensamiento es energía y afecta la realidad. Los pensamientos negativos bajan la frecuencia vibratoria de nuestra energía provocándonos cansancio, depresión, o angustia.

Por otra parte, los pensamientos positivos elevan la vibración de nuestra energía provocándonos alegría, entusiasmo, comprensión; y nos permiten desarrollar al máximo nuestras potencialidades.

La energía es percibida de distintas maneras, a través de los sentidos físicos (visual, táctil, auditivo) o a través de un trabajo interior (respiración, meditación). La energía disponible en nosotros depende de muchos factores, pero sobre todo de cómo la manejamos. Hay que estar muy atentos, ya que muchas veces dejamos que se nos escape la energía en preocupaciones inútiles, pensamientos de duda, temor o miedo. La duda paraliza y bloquea nuestra vibración de energía.

Existen formas de aumentar nuestro caudal de energía disponible: conectándonos con la naturaleza, aumentando nuestra apreciación por la belleza, manejando los niveles de aceptación, practicando algún deporte, bailando, cantando, etc.

Al mismo tiempo, la energía que irradiamos afecta todo a nuestro alrededor aunque sea imperceptible para nosotros, pero la frecuencia vibratoria (de pensamientos negativos o elevados) puede contribuir con la iluminación de la conciencia universal o coadyuvar con al caos actual y sumarse a la oscuridad. Esta es la advertencia del Arcángel Miguel y sus legiones de ángeles.

Por lo tanto, cuando estés a punto de criticar a alguien o una situación de la actualidad de tu comunidad, de tu país, o del mundo en general céntrate en tu corazón y pregúntate ¿Con qué energía estoy colaborando?

Hay diversas situaciones que causan el descenso de la frecuencia vibratoria de la energía: la rabia, el miedo, el resentimiento, el escepticismo, la falta de fe, etc. Muchas veces, el mismo proceso de abrirse a un nivel de conciencia más elevado puede desatar emociones bajas. Es por eso que hay que estar muy atento y en esas circunstancias solicitar ayuda celestial.

La protección del Arcángel Miguel

Las legiones del Arcángel Miguel, como protector de los cielos, pueden protegerte a ti y a tu hogar. Sólo pronunciar su nombre tiene un poder protector infinito. Sencillas frases como: «*Arcángel Miguel Protégeme*». «*Arcángel Miguel cúbreme con tu escudo protector*», pueden tener un gran resultado en el mundo físico.

Ante un peligro aparente o una situación difícil recuerda pronunciar el nombre de Miguel o hacer esta simple invocación: «*Arcángel Miguel Príncipe de Príncipes protégeme y séllame de toda energía negativa o mal dirigida hacia mi*».

No hay un ritual específico para que puedas realizar tu invocación, simplemente haz tu llamado, el Arcángel Miguel y sus legiones de ángeles acudirán en tu auxilio y socorro, aún en la peor de las circunstancias.

La fe es la fuente de todo milagro en tu vida. Comienza entonces a creer en tu poder interior y en tu fortaleza espiritual con la ayuda y asistencia de Miguel.

Hay una oración muy poderosa y conocida, que es la protección de viaje del Arcángel Miguel, puedes acostumbrarte a rezarla todos los días antes de salir de tu casa y enseñársela a tus hijos.

Protección de viaje

San Miguel delante, San Miguel detrás
San Miguel a la derecha, San Miguel a la izquierda
San Miguel arriba, San Miguel abajo
San Miguel, San Miguel donde quiera que voy

Yo soy su amor protegiendo aquí
Yo soy su amor protegiendo aquí
Yo soy su amor protegiendo aquí.

Testimonios
Lyda P. Bejarano - Colombia 2002

Lyda, su hermana y su madre se encontraban de viaje en Brasil. Durante una excursión en la selva se alejaron del guía turístico y no encontraron transporte para volver. Estaban perdidas en medio de la selva.

Empezaron a caminar por una reserva ecológica que no tenía rejas ni mallas que las separaran de los animales salvajes, tampoco había electricidad y el último autobús había salido media hora antes con toda la gente que quedaba en la reserva. Ya se les había advertido a los visitantes que debían tener mucha precaución y tomar con seguridad el último autobús porque era muy peligroso caminar por la reserva.

Al sentirse perdidas y no encontrar otra opción comenzaron a caminar. Mientras avanzaban escuchaban los animales salvajes; estaban completamente atemorizadas aunque seguían caminando. Después de una caminata de aproximadamente una hora, encontraron un aviso que señalaba los kilómetros que faltaban por llegar a la salida, por lo menos debían continuar andando toda la noche y no llegarían sino al mediodía del día siguiente.

Todas entraron en pánico, sin saber qué hacer, desesperadas en medio de la oscuridad, escuchando a su alrededor los animales, sin celular y sin tener a quién llamar. Decidieron unirse y hacer una invocación al Arcángel Miguel y sus ángeles protectores, pidieron su presencia, solicitando que las auxiliaran y sacaran de allí.

Milagrosamente, veinte minutos después sus peticiones habían sido escuchadas, de la nada apareció una camioneta que se detuvo frente a ellas y su conductor les preguntó en un perfecto español: «*¿Necesitan ayuda?*»

Lyda, su hermana y su madre, no lo podían creer, respondieron que sí al unísono y subieron a la camioneta que las llevaría a la entrada. El conductor les comentó que había sido muy peligroso continuar caminando porque podían haber sido atacadas por las fieras. Luego las acompañó a buscar un taxi y desapareció, Lyda nos comenta: «*Ese día mi madre, mi hermana y yo nos convencimos que los ángeles nos salvaron de lo que pudo ser una experiencia verdaderamente horrible, esa persona que apareció en el camino era un ángel que tomó forma física para ayudarnos.*

Hoy en día, cualquier problema grande o pequeño que tenemos lo dejamos en mano de los ángeles y ellos siempre nos ayudan, nos envían señales. Es lo mejor que nos ha pasado en la vida. Estamos tan felices que nos gusta compartir nuestra historia para que otras personas puedan también encontrar a sus ángeles»

Martina Díaz - Colombia 2005

Martina siempre se ha sentido muy afortunada. Dice que tiene un Ángel de la Guarda tamaño familiar. Es una periodista preocupada por la situación del mundo y la calidad de vida de las personas. Una noche, de madrugada, debía atravesar una importante avenida de la ciudad que había sido ampliada recientemente. Se encontraba justo al lado de un puente peatonal muy inseguro y sin suficiente iluminación. Martina iba caminando en sentido norte-sur, y justo debajo del puente en la otra acera había una volqueta gigante estacionada.

Ella nos cuenta: «*Cuando pensé en atravesar la avenida por debajo del puente, vi a un señor con una gabardina gris, un hombre mayor que me miró y me sonrió, entonces pensé: si él sube el puente, yo subo detrás de él, debe venir de trabajar, se vé que es muy buena gente, no sentí la menor desconfianza a pesar de estar él y yo solos, camine detrás de él.*

Conservé cierta distancia y lo seguí. Subimos las escaleras y justo en la mitad del puente vi que, por la cera donde la volqueta estaba estacionada venían dos colectivos a gran velocidad, uno de los conductores perdió el control estrellándose ambos camiones con la volqueta quedando justo debajo del puente. Si yo no hubiera subido el puente hubiera quedado debajo de los dos colectivos. El golpe sonó justo debajo de mí y de prisa bajé del puente a ver que había pasado. Dos policías que se encontraban cerca salieron a ver qué había ocurrido. Ellos preguntaron si había visto el número de la placa, les dije que no lo recordaba, pero que tal vez el señor de la gabardina gris que venía delante de mí sí podía decirles. Uno de los policías me preguntó: «¿cuál señor?, por aquí no pasó más nadie».

Cuando se lo conté a mi madre me dijo que había sido un ángel. Muchos encuentros he vivido con ellos. Abrieron una puerta importantísima en mi vida, la puerta al mundo del espíritu y también me han enseñado que todas y todos podemos ser ángeles».

Michele Perrino - Italia 1981

Un día normal, Michele -que era un niño muy inquieto- estaba de vacaciones con su familia en un pequeño hotel. Mientras toda la familia estaba reunida comiendo en el interior, Michele y su primo decidieron salir a jugar al patio.

La madre le dijo a los niños: «No se vayan muy lejos porque la carretera es peligrosa». (Era la típica carretera de montaña en Italia, llena de curvas, extremadamente peligrosa para cruzar y sin buena visibilidad). Como buenos niños inquietos, no hicieron caso alguno y salieron del jardín para cruzar la carretera y jugar con el perro que los perseguía mientras corrían por la colina. El primo que estaba detrás de Michele le gritaba: «no se te ocurra cruzar otra vez, vamos a quedarnos aquí». Michele siguió corriendo y cruzó nuevamente al otro lado de la colina sin mirar ni siquiera si podía venir un carro de la parte de arriba de la colina.

Mientras él corría vio el reflejo de una camioneta que venía a toda velocidad directamente encima de él. Él recuerda que pensó en su mente de 6 años: «*ya quedé aplastado contra el muro*». De repente un gran empujón lo lanzó hacia el vacío de la colina y el carro se estrelló contra el muro destruyéndose toda la parte delantera.

Michele, en medio del golpe se revolcó todo, envuelto en el susto y la confusión, regresó al hotel llorando.

Cuando los padres lo vieron lo regañaron, se asustaron al verlo todo golpeado y lleno de tierra. En ese momento entró gritando el hombre de la camioneta preguntando por el niño y exclamando: «*¡Fue un milagro!, ¡Fue un milagro!*»

El hombre de la camioneta asegura que fue un ángel que lo salvó y le empujó fuera del camino lanzándolo al barranco, él lo vio todo.

Hoy a los 36 años Michele Perrino dice que este fue su milagro de vida y asegura que Arcángel Miguel fue quien lo salvó, pues su madre siempre lo invocaba pidiéndole que lo protegiera con su escudo y su espada de los peligros del mundo.

Liliana Becerra- Venezuela 1987

Liliana se encontraba una noche manejando en Caracas, donde el tráfico es interminable y en las horas «pico» se hace insoportable. Conducía a una velocidad normal cuando sin darse cuenta perdió el control del carro y chocó contra la isla del río Guaire (es un río que atraviesa toda la ciudad). El carro dio vueltas hasta que cayó al río. Del golpe, Liliana perdió el conocimiento por unos minutos, cuando volvió en sí, estaba desorientada. Intentó abrir la puerta del carro para escapar pero no pudo. En estado de pánico, tuvo la fortaleza de invocar con mucha fe al Arcángel Miguel. Le pedía: «*¡Arcángel Miguel ayúdame!*»

De pronto sintió que una fuerza muy poderosa la jalaba y la sacaba del carro por la ventana, pero el vidrio se había quedado abierto sólo hasta la mitad. Nadie se explica cómo Liliana logró salvarse, ni cómo pudo salir por un espacio tan pequeño, pues cuando recuperaron el vehículo, todos vieron la ventana con el vidrio hasta la mitad y decían que era imposible creer que alguien hubiese pasado por allí. Liliana asegura que fue el Arcángel Miguel que la sacó por la ventana milagrosamente superando la realidad del mundo físico, pues para los Ángeles no hay obstáculos.

Invocación al Arcángel Miguel

Arcángel Miguel yo te invoco hoy pidiendo
tu protección, amor y adoración a Dios
Con tu luz azul y violeta envuélveme en tus alas
Y séllame ante los peligros de la oscuridad.
Guíame siempre por el sendero del bien
toma mis miedos, temores y angustias,
y devuélvemelas convertidas en fe, fortaleza y
crecimiento espiritual todos los días de mi vida.
Ayúdame a mantener una mente clara y pura
que me permita siempre tomar el camino correcto
elegir la mejor opción, dar lo mejor de mí
sirviendo a los demás y transmitiendo tu mensaje divino
todo esto con la pureza de corazón de un niño.
Permíteme -Comandante de las Huestes Angelicales
y Príncipe de Príncipes- ser un soldado de tu legión de luz
servir como un instrumento de tu misión; tanto en los
planos sutiles como aquí en la tierra, colaborar con tu labor
de protector contra la oscuridad y guía de la humanidad.
Protégeme durante la batalla fortaleciéndome
en la Fe y el amor de Dios. Amén

Ritual de protección del alma

*Arcángel Miguel, toma mi alma y defiéndeme
de las acechanzas de la oscuridad.
Dirige tu llama azul protectora
sobre toda energía oscura que esté a mí alrededor.
Destella caudales de luz cósmica sobre todo sentimiento
negativo, sugestiones bajas, pensamientos limitantes,
que estén invadiendo mi vida y protégeme de toda
influencia negativa como envidias, hechicerías,
magia negra, ángeles caídos, o malas energías.
Protégeme también de mi sombra y de mis
propias tinieblas que juzgan, condenan
o cuestionan a las personas.
Cúbreme con tu escudo protector de toda
energía psíquica, astral o desencadenada
contra mí o mal dirigida por mí.
Ayúdame a ser un canal de tu luz cargando
con tu energía restauradora mi alma y mi
cuerpo físico, fortaleciendo mi aura y
brindándome la voluntad y la fe
que tanto necesito. Amén*

Amor y Amistad

El Amor y la Amistad con la Intervención Divina

«El amor es paciente, es bondadoso. El amor no es envidioso, ni jactancioso ni orgulloso. No se comporta con rudeza, no es egoísta, no se enoja fácilmente, no guarda rencor. El amor no se deleita con la maldad sino que se regocija con la verdad. Todo lo disculpa, todo lo cree, todo lo espera, todo lo soporta».

Corintios 13:4

Los ángeles desean que aprendamos a vivir desde la perspectiva del amor, recordando que un pensamiento ordenado es la base de la armonía del ser. Cuando el amor habita en nuestros corazones, podemos entregarnos al otro con pureza y sin ningún tipo de interés. Las relaciones humanas armoniosas requieren de nuestra parte apelar a todos los atributos del amor divino que implica el amar desinteresadamente.

Mira a tu alrededor y pregúntate en qué medida estás dando amor al prójimo, es interesante lo que vemos cuando hacemos esta reflexión. La mayoría de las veces no tenemos tiempo ni siquiera para mirarnos los unos a los otros. Estamos siempre apurados y sin tiempo para prestar atención a nuestro alrededor. No tomamos conciencia de que a través del amor puro podemos transformar vidas.

El amor es la fuerza que mueve al mundo, y ha sido definido como tal desde el principio de los tiempos por autores, científicos, poetas, artistas y estudiosos,

En las relaciones de pareja pareciera que los «cupidos», esos querubes o angelitos con flechas, andan por allí esperando hacer de las suyas, otras veces se da el encuentro de las almas gemelas por ley de vida; esas son las almas que se reconocen al instante surgiendo una identificación inmediata y una necesidad de «estar» con esa persona para siempre. Para encontrar tu alma gemela o compañera los ángeles pueden ayudarte, ellos serán tus aliados, propiciando el encuentro divino.

Sin embargo, no vamos a dedicarnos a tratar solamente el amor de pareja o de amantes, sino al amor universal, el amor al prójimo que es realmente el amor divino al que se refieren los ángeles. Partimos de un principio general: los ángeles aman a Dios y a toda su creación incluidos los humanos, ellos desean que seamos felices, que nos sintamos bien, nos salvan del peligro, nos guían en el camino y nos dan oportunidades de crecimiento y evolución espiritual constante.

Ellos muchas veces adoptan forma humana para asistirnos: en muchos casos bajo apariencia de mendigos o hambrientos, para ver hasta dónde llega nuestra capacidad de acercarnos al «otro». Recuerda cuándo fue la última vez que diste tu mano amiga y bondadosa a alguien que realmente lo necesitaba, ¿Cuándo fue?

No pretendemos dar lecciones ni predicar en este libro, solamente llamar tu atención y reflexionar sobre este aspecto en tu vida, acerca del amor y la bondad que debemos profesar a nuestros semejantes.

El amor comienza dentro de nosotros mismos, debe nacer y crecer allí, en el corazón de cada uno de nosotros; en esa medida, lo podemos entregar a nuestros familiares, amigos, compañeros de trabajo. Cuando hay suficiente, ese amor se hace extensivo para todos los demás, para el extraño, para los niños, las naciones, el ladrón, etc. Es el sentimiento compasivo y amoroso hacia toda la humanidad. Esto no significa que debes andar desbordando amor todo el tiempo, debes guardarlo en tu corazón para dárselo a quien lo necesite manteniendo una actitud abierta y sincera siempre. Iniciar un camino de amor comienza por perdonarse a uno mismo y posteriormente a los demás. Significa mirar dentro de ti y limpiarte de todos esos recuerdos o pensamientos que te hacen daño y que todavía te afectan, pues es importante descargar la maleta de resentimientos y cargas emocionales que llevas contigo.

Chamuel y sus legiones del rayo rosa pueden ayudarte a encontrar y manifestar el amor en tu vida. El amor es el principio de todo y cuando está el amor de nuestro lado siempre estaremos ganando. El amor todo lo puede y todo lo vence. Cuando actúas con la verdad y el amor como escudo la victoria siempre te acompañará.

Los ángeles desean que mantengas relaciones armoniosas y saludables con los demás. El Arcángel Chamuel y los Ángeles del Amor Divino pueden ayudarte a mejorar tus relaciones personales.

La **amistad** es la relación afectiva que se crea entre dos o más personas. La amistad es una de las más importantes relaciones interpersonales. Cuando nos referimos al amor, entra dentro de ese concepto también la amistad.

La amistad es un sentimiento convenido entre las personas, basado en la confianza, el apoyo y el respeto. La amistad se da en todas las etapas de la vida y en diferentes grados de importancia.[Es una de las relaciones más duraderas que fomentamos las personas, por eso decimos que «los amigos son para toda la vida».

Si en estos momentos no tienes amistades verdaderas, construidas sobre las bases del respeto, la valoración y la autonomía puedes pedirle a los ángeles del rayo rosa que intervengan para atraer personas comunes a ti. Recuerda que nuestras amistades son reflejo de nuestra forma de ser, pues siempre estaremos acercándonos a personas con la misma frecuencia vibratoria de energía.

Otras veces, aunque los amigos sean diferentes a nosotros encontramos puntos en común que nos llevaran por el mismo camino. Las amistades que construimos en nuestra infancia generalmente permanecen, pero hay otras amistades que nacen en la universidad, en los trabajos, en los clubs o asociaciones. Lo relevante es que la amistad se basa igualmente en un principio de amor. «Debemos tener un buen corazón para tener amistades como las de niños».

La Luz del Arcángel Chamuel y los Angeles del Amor Divino

Es el Arcángel del amor divino incondicional, del amor a Dios. Su luz se encuentra alrededor de nuestro planeta desde tiempos inmemoriales, ayudando a nuestros corazones con sentimientos sublimes de amor, misericordia y compasión. Su ternura envuelve nuestro campo áurico, y cuando solicitamos su asistencia inunda nuestra vida con su maravillosa energía. Podemos trabajar con el rayo rosado cuando nos sentimos bajos de energía, cuando sostenemos pensamientos repetitivos de tristeza y soledad.

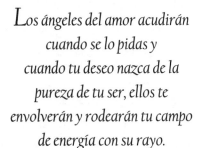

Los ángeles del amor acudirán cuando se lo pidas y cuando tu deseo nazca de la pureza de tu ser, ellos te envolverán y rodearán tu campo de energía con su rayo.

Pueden ayudarte a tener mejores relaciones con tus seres queridos, con tu pareja, tus hijos, tus amigos. Pueden apoyarte en tu camino del perdón y la aceptación, requisitos fundamentales para liberar nuestro corazón y trascender en nuestro plano evolutivo.

Los Ángeles del Amor Divino se ocupan de hacerte la vida más placentera. El Arcángel Chamuel enviará sus ángeles para que te ayuden en tu vida diaria como si fuesen tus ayudantes personales; puedes pedirles que se adelanten a ti, para que todo fluya en absoluta armonía. Pueden hacer tus diligencias, (entre ángeles de la guarda), preparando el éxito de tus reuniones y presentaciones, también puedes incluir en tus peticiones el beneficio de tus asociados, familia y relacionados. Puedes pedirles que ayuden a tus familiares a que se entiendan entre sí, que fluya la comunicación, etc.

Si tus hijos se pelean o no te llevas bien con tu pareja, jefe o vecinos, o si piensas que no estás atrayendo a tu vida las relaciones que deseas, incorpora a tu rutina diaria tus peticiones a los Ángeles del Amor. Ellos te ayudarán a transformar tus relaciones personales a través del amor divino incondicional.

Hay un relato sobre un molinero y su esposa que trata del poder del amor universal, de ese amor que incluye a nuestros semejantes. En una historia de Djwal Kul dice:

«Vivía cerca del mar una bondadosa alma, la de un molinero. Él y su esposa se dedicaban a moler el grano para la gente de su pueblo.

No reinaba tanta felicidad en ninguna otra población como en aquélla. Sus habitantes estaban absolutamente maravillados, pues reconocían que algo fuera de lo normal debía de estar ocurriendo para que los lugareños se sintieran tan felices y juiciosos. Y si bien nacían, se criaban, se hacían adultos y se iban del pueblo, no fueron capaces en toda su vida de llegar a descubrir el misterio.

Una noche se descorrió la cortina para revelar qué fue lo que hizo a la gente de ese pueblo tan feliz y próspera, tan alegre y juiciosa. Fue el servicio del molinero y su mujer y el amor que ponían en la harina, el cual se llevaban a casa en sacos cargados a la espalda, la compraban y luego la horneaban para hacer el pan. En cada comida el poder regenerador del amor procedente del molinero y su esposa era irradiado por la mesa y se introducía en el cuerpo de quienes comían el pan.

Así pues, cual poder radioactivo, la energía de ese amor vibrante del molinero y de la esposa de éste se esparció por toda la población. Los vecinos jamás supieron la razón de su felicidad y nadie del pueblo fue capaz de descubrirlo. Porque a veces ‑aunque vivan uno al lado del otro‑ los hombres son incapaces de descubrir los secretos más simples del otro».

Activando el amor divino en tu vida

Para activar la luz de los Ángeles del Amor Divino y atraer más amor a tu vida, puedes seguir las siguientes indicaciones:

1) Al despertar dedica unos minutos a respirar conscientemente. Realiza cinco respiraciones profundas, inhalando por la nariz y exhalando por la boca. Respirar te conecta con el flujo de vida universal y ¡te hará sentir muy bien!

2) Toma un momento cada mañana para centrarte en tu corazón, lleva las manos a tu pecho y siente los latidos. Esto te permite establecer un contacto real con tu ser interno.

3) Comienza por observarte, fíjate en lo que piensas, en tus palabras, en lo que haces y en lo que sientes. ¿Proviene del corazón? ¿Viene del amor? Si en algún momento sientes el impulso de criticar, juzgar a alguien, o de apartarte del corazón, vuelve a centrarte. Procura durante ese día que de ti emane sólo gratitud, bondad y amor.

4) Presta atención a todo lo que sucede durante el día, los acontecimientos, las personas, todo lo que ocurre a tu alrededor. Centrado en esta perspectiva verás como cambia la percepción de tu realidad.

5) Haz algo que sabes se sale de tu zona de comodidad (todos tenemos algo que nos molesta hacer o alguien que nos perturba) así que puedes comenzar por ceder, hacer o expresar algo que requiera un esfuerzo de tu parte. ¡Aquí estarás expandiendo tu corazón!

6) Durante el día expresa y manifiesta amor en tu vida. Presta ayuda, regala una sonrisa, ten un gesto o detalle con alguien. Siempre hay una oportunidad para transmitir amor, mira a tu alrededor.

7) Pídele a los Ángeles del Amor que te ayuden a manifestar su luz y su amor en todas partes, siendo transmisor de un mensaje de esperanza y apoyo a quien lo necesite.

8) Activa el rayo rosado en tu vida, vístete de rosado, enciende unas velitas rosadas y fucsia, compra objetos con este color, en fin llénate de la energía maravillosa del rayo rosado y atráelo a tu vida.

9) Por último, al terminar el día permite que pensamientos de gratitud te invadan completamente. Todos tenemos algo por qué estar agradecidos, siéntelo, piensa en ello y da las gracias. Este pequeño ritual redundará para ti en bienestar, alegría y plenitud.

Oración al amor divino del
Arcángel Chamuel y sus ángeles
(para aumentar el amor divino en nuestras vidas).

*Amado Chamuel, divino Ángel del Amor, acompaña
mi alma mientras duermo y llévame a volar a tu lado por
tus retiros de luz. Invade mi corazón con tu luz protectora
y proyecta a través de mí tu amor a todas partes.
Que fluya el amor a mí alrededor
Que fluya el amor para toda la humanidad.
Que cada día de mi vida sea de entrega para los demás,
que cada palabra que salga de mi boca sea de amor, que todo
lo que yo toque sea bañado por tu luz, que todo lo que mis ojos
vean emane del amor divino, que mis acciones provengan
de mi corazón desbordando entrega y bondad siempre.
Que así sea. Amén.*

Oración al Arcángel Chamuel
(Para mejorar nuestra relación de pareja)

Arcángel Chamuel, todas las noches mientras dormimos, toma mi alma y el alma de mi esposo y llévanos contigo a otros planos sutiles de luz. Solicito acceso a los salones de restauración de la integridad del alma para que los Ángeles terapeutas ayuden a mi pareja a recuperar su unión con Dios, a elevar su nivel de comprensión y evolución espiritual.

Envuélvenos en tus alas e inyecta en nosotros tu luz rosada cargada del amor y la ternura de Dios, y ayúdanos a entrar en contacto espiritual y reconciliación espiritual, para que mejore nuestra relación, nuestro entendimiento. Asesórame, sana mi psicología personal y la de él (ella) y energiza tu luz dentro de nuestros corazones. Ayúdame a aceptar su nivel de energía, vibración y conciencia, a ayudarlo a él (ella) en la evolución de su alma a través del amor divino. Muéstrame las causas que han hecho que se magneticen nuestras almas y haznos espiritualmente activos para acrecentar la unión mente, cuerpo y espíritu. Yo escojo el amor en todas las cosas. Entréname en el hermoso arte sanador del amor divino incondicional. Ayúdame a formar parte de las legiones de ángeles que rodean el planeta para ayudar a las almas a evolucionar. Enséñale a él (ella) para que encuentre sosiego para su alma y la paz que tanto necesita.

Que así sea. Amén

Oración al Arcángel Chamuel
(Para magnetizar el alma gemela o compañera)

*Arcángel Chamuel, todas las noches mientras
dormimos, toma mi Alma y el Alma de mi Alma gemela y
llévanos contigo a los planos sutiles del espíritu. En tu retiro
espiritual permítenos entrar a los salones de restauración del
alma para sanar los bloqueos que impiden la
magnetización de nuestras almas.*

*Activa el amor en nuestros corazones, baña nuestro
chakra del corazón con tu radiante luz rosada y proyéctale
energía a nuestro yo superior. Yo pido que sea eliminada toda
situación que nos haya estado separando todo este tiempo.
Le pido al Arcángel Miguel con su poderosa espada de llama
azul que donde quiera que se encuentre mi alma gemela,
pueda liberarla de toda energía negativa y liberarme
a mí de toda causa que esté afectando mi vida e
interfiera en nuestro encuentro.*

*Yo me uno con Dios y me uno con mi alma gemela.
Mi alma gemela y yo invocamos la luz violeta para
perdonar todos los errores que yo haya cometido
con mi alma gemela y ella conmigo.*

Amado Ángel del Amor, entra en nuestras auras y
ayúdanos a comprender nuestra psicología personal y a sanarla.
Que yo no hiera nunca más a mi alma gemela ni a ningún
ser viviente, que mi alma gemela tampoco lo vuelva hacer.
Sintonizo mi mente con la mente pura de Dios y con la mente
de mi alma gemela. Sintonizo mi corazón con su corazón.

Si por ley de evolución mi alma gemela no corresponde el
encuentro de nuestras almas, pido contactar con ella
mientras duermo como preparación para la
magnetización cuando así sea la voluntad del Padre.

Solicito el reencuentro con un alma compañera a
la que esté unida por lazos dármicos, para ayudarnos a
evolucionar mutuamente en esta vida.

Si por ley de vida debo reencontrar a mi alma gemela
pido tu asistencia Chamuel, invoco al amor de Dios y de todos
los ángeles del rayo rosado para que al momento de nuestra
unión en este plano físico pueda conservar la relación,
habiendo concientizado la necesidad de crecer
personal, espiritual y emocionalmente.

Sanando mi psicología personal y mis hábitos kármicos.
Que así sea. Amén

Testimonios

Alexandra Vetencourt- Estados Unidos 2008

Alexandra es una artista cuya creación está inspirada por los ángeles. Se identificaba con ellos desde pequeña y creía en su existencia. En su búsqueda de paz interior y equilibrio personal comenzó a asistir a mis terapias angelicales. Buscaba orden en su vida, en su carrera, en su núcleo familiar y, a medida que pasaba el tiempo, los mensajes y la guía que se recibía en sus sesiones nos llevaban a contactar con su alma gemela o compañera.

En realidad ella no tenía esa meta de vida (por lo menos inmediatamente) por lo cual nos enfocamos en trabajar su misión de vida. Ella pensaba que en su vida sentimental estaba totalmente bloqueada y tenía otras prioridades. A medida que íbamos avanzando en su entrenamiento personal y espiritual comenzamos también a activar y magnetizar el amor en su vida.

Alexandra nos cuenta: *«Cuando comencé la terapia lo primero que tenía en mente era un viaje que quería hacer desde hace mucho tiempo y algo dentro de mí me decía que era el momento para hacerlo. Pedí guía divina a través de las oraciones a los ángeles que me proporcionaba mi maestra espiritual. El día de mi entrevista de trabajo mencioné que tenía la necesidad de hacer un viaje y la persona que me atendió me dijo que no había ningún problema. No podía creerlo: iba a poder trabajar en el lugar perfecto y además podía hacer el viaje que siempre había soñado. No tenía el dinero para viajar pero mi maestra me decía: «No te preocupes que el dinero llegará a ti si ese viaje está en tu camino».*

Alexandra continuó con sus terapias y comenzó a magnetizar a su alma gemela o compañera con el Arcángel Chamuel y los Ángeles del Rayo Rosado, pues las sesiones nos conducían por ese camino. Ella realizó su viaje visitando las ciudades que siempre había querido conocer. En una de esas ciudades Alexandra conoció a su alma gemela, era como si su alma lo hubiese conocido mucho antes y hubiese estado esperándolo.

A su regreso del viaje, el Arcángel Chamuel estuvo presente siempre, ella lo veía en las tiendas (imágenes), en los libros, o escuchaba hablar de él. Mientras tanto, la comunicación con su alma gemela fluía de forma natural, se enviaban mensajes y hablaban por teléfono. Sin embargo, ninguno de los dos había hablado de sus emociones, pues ambos estaban renuentes a tener pareja. Ella al respecto nos comenta:

«Comencé a darme cuenta de que hablar con él ya era necesario para mí a él le estaba pasando lo mismo..., hablábamos hasta seis y siete horas sin darnos cuenta. Un día se abrió conmigo contándome lo que sentía y yo pensé que lo más honesto de mi parte era aceptar que yo también estaba sintiendo lo mismo. Volvimos a vernos después de unos meses y él me dijo: «Lo que siento es muy especial, eres mi alma gemela». En ese momento todas las experiencias que había tenido con los ángeles vinieron a mi cabeza y confirmé que están ahí para guiarnos a la felicidad y que todo en la vida tiene una razón de ser».

Victorino Larrazbal - Estados Unidos 2004

Victorino es un estudiante de arquitectura. De bellos sentimientos y muy sensible. Llegó a la terapia en busca de un equilibrio emocional pues se sentía muy triste y solitario. Sin querer se había convertido en una persona que él no reconocía. No había tenido relaciones estables. Estaba la mayoría del tiempo trabajando y había descuidado totalmente sus relaciones interpersonales. Comenzamos a trabajar su autoestima y sus niveles de autoconfianza y seguridad. Victorino creía en los ángeles, por lo que iniciamos su terapia de contacto angelical y utilizamos la meditación y las oraciones como forma de mejorar su estado emocional.

En una de sus sesiones él debía escribir una carta en la cual describiera a su alma gemela y compañera tal y como él la había imaginado y exactamente como él la deseaba. Los ángeles atienden perfectamente nuestras indicaciones, por eso debemos ser muy específicos en nuestras peticiones. Victorino describió perfectamente a la mujer de su vida, enviando sus peticiones a los Ángeles del Amor Divino y al Arcángel Chamuel. Cuatro meses después, su alma gemela apareció. Me dijo: «*Doctora, es idéntica a como se la pedí a los ángeles, física y espiritualmente. Estoy agradecido con usted y con los ángeles. ¡Es increíble! Apenas lo puedo creer. Definitivamente los ángeles existen, ¿verdad que sí?*»

Actualmente Victorino está felizmente casado. Con un matrimonio estable y ha sido bendecido con una hermosa hija.

Familia

La Familia y los Ángeles Custodios

La familia es la unión entre varias personas que forman un círculo de amor y de respeto. Nuestra capacidad de amar es resultado del desarrollo afectivo que hayamos construido durante los primeros años de vida, este crecimiento es continuo, y va desde la infancia hasta la edad adulta.

Esta madurez afectiva marcará la pauta de las relaciones que formemos en la etapa adulta. *«El niño se forma dentro de un ambiente estableciendo su contacto con el mundo exterior a través de lo que aprendió de su entorno familiar».*

Es en el seno familiar donde cultivamos al hombre del mañana. Donde se aprenden los valores y las virtudes como amor, la honradez, la generosidad, la responsabilidad, la dedicación al trabajo, la gratitud, etc. Es a través de la enseñanza de nuestros padres que aprendemos a pensar, a profundizar, a reflexionar sobre la vida.

Tres de los valores fundamentales que los padres transmiten a los hijos son la inteligencia, la voluntad y el amor, para poder contribuir con la sociedad como personas íntegras y abiertas. El amor de la familia debe transmitirse a la sociedad. Juan Pablo II, afirmaba: *«La familia es la primera y más importante escuela de amor».* *«La grandeza y la responsabilidad de la familia configuran la primera comunidad de vida y amor, el primer ambiente en donde el hombre puede aprender a amar y a sentirse amado, no sólo por otras personas, sino también y ante todo por Dios».* Todo se relaciona con el misterio del Padre que nos ha creado por amor y para que amemos. Nos ha hecho a su imagen y semejanza, todos somos hijos suyos iguales en dignidad. Para revelarnos su paternidad de amor «nos hace nacer del amor» de un hombre y de una mujer e instituye la familia; ella es el lugar del amor y de la vida, o dicho de una mejor manera: «el lugar donde el amor engendra la vida».

Los padres apoyan y forman a sus hijos, los hijos respetan y aman a sus padres. Con la madurez de los hijos, el apoyo y la comunicación se convierten en una condición fundamental en la relación. Se trata entonces de una profunda unidad interna entre padres e hijos. Que contempla a todos sus integrantes en lazos de amor y cariño, los abuelos, los tíos, primos, etc.

Toda familia auténtica tiene un «ámbito espiritual» que condiciona las relaciones familiares: casa común, lazos afectivos, amor recíproco, religión y vínculos morales que la configuran como «unidad de equilibrio humano y social». Es en la familia donde se forma el hombre o la mujer del futuro. Por eso los ángeles están continuamente velando por el seno familiar y sus integrantes. Vigilan nuestras casas, nuestros hijos y el entorno familiar en general.

La Formación de los Hijos

La educación de los hijos implica su formación desde la infancia en todos los niveles. Un ambiente armonioso, donde se viva con respeto, amor y comunicación influye notablemente en la seguridad y autoestima de los niños, y más adelante esto repercutirá en las relaciones estables que formen como adultos. Los Ángeles de la Familia y Ángeles Custodios nos asistirán en el cuidado y formación de los hijos. Podemos invocarlos para que nos guíen en una labor de protección, confianza, aceptación, estima y afecto necesario para nuestra evolución y la de nuestros hijos.

Es muy importante en la formación de los hijos la disciplina. Todo debe funcionar bajo un esquema de orden y respeto.

Los Ángeles de la Familia y los Ángeles Custodios nos ayudarán para que se den las condiciones que deben existir en nuestro hogar:

Sentimientos de amor, cariño, afecto y comprensión.

Los integrantes deben tener alegría y buen humor en el corazón.

En la casa debe reinar la armonía, paz, serenidad y tranquilidad.

Los padres deben ejercer la autoridad con firmeza y disciplina.

Acudir al Ángel Custodio de nuestros hijos

La convivencia familiar no es para nada sencilla, compartimos un mismo espacio con personas distintas a nosotros, y con otras maneras de ver la vida. Cuando los niños son pequeños, podemos tener un mayor control de lo que enseñamos y formamos. Los Ángeles nos dicen que la mejor manera de transmitir enseñanzas y forjar al hombre del futuro es con el ejemplo.

La reflexión sería ¿estás dando tú el ejemplo en tu hogar? Tus actos están inspirados en la pureza y bondad de corazón. El padre de familia tiene una inmensa responsabilidad en el bienestar y en el rumbo que debe llevar la familia, pero la madre también. Es la madre quien se comunica de manera más dulce con sus hijos, y la que va formando con las palabras el estado emocional de los niños.

Los mensajes que enviamos a los más pequeños deben ayudarlos a fortalecer su autoestima, deben estar llenos de amor y las manifestaciones físicas de cariño: son muy importantes los abrazos, las caricias, los gestos de amor, etc.

Cuando los hijos van creciendo, dirigir la familia y mantener la unión se hace más difícil de sobrellevar, pues van cambiando los intereses y las actitudes. Es durante la adolescencia que se deben reforzar los buenos hábitos. Mantenernos atentos a lo que nuestros hijos anhelan, cuáles son sus sueños y conocer sus miedos.

Aquí entra en juego la palabra clave en la familia que es la comunicación. Pídele a tu Ángel de la Guarda que entre en contacto con el Ángel de la Guarda de tus hijos para que los ayuden a superar sus miedos, superar los obstáculos y sobre todo protegerlos de los peligros y acechanzas. Las madres tenemos un sexto sentido, y nuestra intuición crece cuando se trata del bienestar y la felicidad de nuestros hijos. La labor de los padres debe comprender, entre muchas cosas, lo siguiente:

- Formar integralmente a los hijos, esto implica enseñarles la importancia de cultivar la espiritualidad.
- Ayudarles con el ejemplo a adquirir hábitos como la responsabilidad, el orden, la honestidad, etc.
- Enseñarles a dejar de lado sentimientos de egoísmo, rencor, rabia, etc.
- Motivarlos a dar lo mejor de sí mismos cada día.
- Darles las herramientas para defenderse y ser independientes emocionalmente.
- Apoyarlos en sus decisiones más importantes, respetando siempre su libre albedrío.

Los padres cumplen sus funciones al igual que los Ángeles. Pídele que te acompañen y velen junto contigo por tus niños y adolescentes.

La Luz del Arcángel Gabriel en la Familia

El Arcángel Gabriel es invocado por las mujeres que desean concebir un hijo. Gabriel es mensajero de la anunciación y el Ángel que instruye al alma antes de nacer. También es el portador de las buenas noticias.

Puedes invocarlo para concebir un hijo, diciéndole con sinceridad de tus anhelos, tus esperanzas y tus temores. Generalmente, cuando tenemos apego a un resultado o tenemos un deseo o pretensión siempre en nuestra mente bloqueamos el flujo de energía impidiéndose la concepción. Por eso, si estás buscando un bebé debes soltar tus peticiones al cielo, dejar que sea Gabriel y sus Ángeles los que te traigan la buena noticia.

Si estás embarazada, la luz de Gabriel y sus Ángeles pueden ayudarte a programar el alma de tu bebé. Un ritual hermoso y sencillo consiste en escribir una carta a Gabriel, pidiéndole que tu bebé *nazca con los siguientes dones... y* comiences a especificar punto por punto las características o virtudes que quisieras que tenga tu hijo al nacer.

Imagina que eres también un hada madrina que estás regalando los dones divinos a tu hijo o hija. Los ángeles del nacimiento y de la vida se llevarán tus peticiones entregándoselas al Creador.

Si tienes un embarazo de alto riesgo, problemas de fertilidad o salud que te hagan difícil concebir, el Arcángel Gabriel también puede asistirte. Él y sus legiones de Ángeles buscarán la forma de que lo consigas, excepto por supuesto que se trate de deudas kármicas, aunque de todas formas ese deseo será logrado por distintas vías, siempre y cuando tú así lo comprendas.

Hay mujeres que si no pueden quedar embarazadas se niegan rotundamente a explorar otras opciones como por ejemplo la adopción. En un mundo cada vez más complicado y donde existen tantos niños abandonados y pasando necesidades, abrir la mente y el corazón para adoptar es una oportunidad de ver manifestado tu sueño y al mismo tiempo estarás dándole un hogar a un niño que lo necesita.

Testimonios

Mary Chacon- Puerto Rico 1997

Mary estaba en sus treinta y tantos años de edad y próxima a entrar en su cuarto mes de embarazo. Era un embarazo perfecto, pues nunca tuvo los malestares que padecen la mayoría de las mujeres.

Una mañana, trabajando en su oficina, le comenzó un dolor de cabeza muy fuerte y notó que en el cuerpo le estaban saliendo unas pequeñas erupciones que le producían picazón. Ante la incomodidad e incertidumbre decidió verificar con una de sus compañeras a ver de qué se trataba. Cuando su compañera de labores la vio, le dijo: «*Creo que debes llamar a tu médico, parece varicela*».

Muy asustada, pidió autorización en su trabajo y salió inmediatamente al médico. Cuando el médico la chequeó, efectivamente era varicela. Mary bañada en llanto estaba preocupada por el desarrollo de su futuro bebé.

Al acercarse el fin de semana había empeorado y hubo que trasladarla de emergencia al hospital más cercano. Le dio pulmonía y tuvieron que aislarla por varios días. Peligraba la vida del bebé en formación y su propia vida. Aquellos días fueron de mucha tensión. Los fuertes medicamentos, las placas, el picor agobiante, la fiebre alta... tantos factores de riesgo. Ella se preguntaba si aquello era una prueba de fe o un evento predestinado en su vida.

En un momento, sola en su habitación, preguntó: «*Dios, ¿qué más me vas a enviar?*» Ese día lloró más que nunca. Le cantó continuamente a su futuro hijo canciones del Ángel de la Guarda y le pidió que ambos lucharan porque juntos saldrían victoriosos.

Esa noche llegó una señora a la habitación. Si ella estaba en aislamiento, ¿cómo logró entrar la visitante? Aquella mujer trigueña, sencilla y humilde, transmitía mucha paz. La señora se acercó a la cama y le dijo: «*Se que estás preocupaba por tu hijo, pero él está bien. ¿Me permites orar?*»

Mary se lo permitió y oraron juntas. Su esposo que siempre estuvo a su lado veía la escena desde el sillón y oró también. Antes de irse, la señora le dijo: «*tienes que prometerme que llevarás a tu hijo a cualquier iglesia, no importa cuál sea, presenta a tu hijo y cuenta lo que aquí ha sucedido*». La señora salió y nadie supo quién había sido esa señora, nadie la había visto sólo Mary y su esposo. Para ella, esta señora era un ángel porque su oración fue respondida rápidamente.

Al día siguiente el doctor le comentó: «*no sé que pasó, no hay explicación médica, pero todos tus análisis están perfectos, puedes irte a tu casa*». El niño se desarrolló y creció perfectamente y hoy en día es un niño maravilloso. Al bebé lo presentaron al mes de nacido en una Iglesia donde acostumbraban a ir los domingos.

Kathy Lemus- Estados Unidos 2006

Kathy estaba embarazada y esperando a su bebé con mucha ilusión. Tuvo un embarazo normal y toda la familia estaba emocionada con la llegada del nuevo miembro. A Kathy le hicieron cesárea y su hijo nació normal, respiraba perfectamente bien.

Ya en la habitación, rodeada de flores y del cariño de la familia, se dio cuenta que se tardaban en traer al bebé, sin embargo estaba tranquila. Ella empezó a preocuparse cuando notó que a su esposo y a sus padres les había cambiado el semblante después de regresar de almorzar.

Habían pasado más de tres horas. De repente entró a la habitación un grupo de doctores, para informarle que el niño retuvo líquido en los pulmones y no pudo expulsarlo durante el nacimiento, por lo que era necesario esperar que el oxígeno que le estaban suministrando ayudara a expandir los pulmones. Por ese problema el niño iba a ser trasladado a otro hospital donde podía ser atendida ese tipo de patologías.

Kathy le pidió a la enfermera que la llevara a ver a su hijo. Como pudo, en silla de ruedas fue al retén y tuvo una impresión muy fuerte al ver a su hijo porque el bebé estaba con oxígeno y tubos por todas partes.

La noticia que recibía del hospital era que el niño se mantenía estable, pero nada más. Esto la hacía sentirse muy mal y desesperada, le decía a su papá: «¡*Por qué no dicen otra cosa! Estable, estable. Eso no me dice nada*».

Su papá le respondió: «*Tranquila, hija. Que te digan estable es una buena noticia*». Kathy pensaba que su papá estaba siendo demasiado optimista mientras ella estaba desolada. Esa noche, a las cuatro de la madrugada, llamaron a la habitación para informarle que al bebe se le había explotado un alvéolo del pulmón, y el pulmón había colapsado. Le pidieron autorización para operar al niño. Kathy comprendió lo que su papá le decía. Hubiese preferido que su hijo se hubiese mantenido estable.

Tuvo que llenar los formularios que exigían los médicos sobre los posibles riesgos de la operación, daño cerebral, problemas de vista, oído, la parte motora. Katherine desesperada comenzó a rezar y a pedirle al Ángel Guardián que cuidara a su hijo. Sin comprenderlo ella le pedía al Arcángel Gabriel: «*Por favor Ángel Gabriel, que a mi hijo no le pase nada*». «*Yo sé que tú eres el que cuidas a los niños*». Ella no sabía que el Arcángel Gabriel es el ángel que asiste a las madres con embarazos de alto riesgo o niños recién nacidos con lesiones, etc. Ella nos cuenta:

«*Yo le pedía a él pero no sabía en realidad quién era o qué hacía. Fue un instinto, yo le decía que sabía que él era el encargado de cuidar a los niños. (Yo lo sabía pero nadie me lo había dicho). Y le pedía: Tú que tienes tanto amor para los niños, cuídamelo, ponle tu mano. Vete con él porque yo no puedo, estoy aquí postrada en esta cama sin poder hacer nada. Ve tú con él Ángel Gabriel*».

Mientras tanto comenzaron las cadenas de oración por todas partes del mundo. Los padres de Kathy la apoyaban e intentaban mantener la fe y la fortaleza. Procuraron llenarse de energía positiva aun cuando no tuvieran buenas noticias, y transmitirle esa misma fe a su hija.

Una noche, una de las enfermeras le dijo a Kathy: «*Anoche pasé toda la noche orando por su hijo ¿De qué religión es usted?*» Ella le contestó que católica, y la enfermera le pidió: «*Vamos a rezar por tu hijo*».

La oración que la enfermera había escrito y rezado era hermosísima. En una de sus partes decía «*Las manos de Dios son tan largas y se extienden tanto que nos alcanzan a todos, nos abarcan a todos*».

Pronto las buenas noticias comenzaron a llegar. El bebé cada día respiraba mejor. Cuando le dieron de alta en el hospital ella fue directamente a ver a su hijo. Estaba tan dichosa de poder tocarlo y de verlo.

Su hijo se recuperó excelentemente, días después expulsó por sí mismo el tubo que le habían dejado después de la intervención, lo cual es considerado un milagro dadas las circunstancias en que había ingresado al hospital. Los doctores no se lo explicaban.

Cuando iba a llenar las planillas con el nombre del bebé, Alexandre (el nombre que ella había escogido) ella pensó en llamarlo Alexandre Gabriel en tributo al Ángel Gabriel que lo había salvado. Y así lo hizo. Ella nos dice: «*Yo decidí ponerle el nombre de Gabriel en honor al Arcángel Gabriel porque no tengo cómo agradecerle por la vida de mi hijo. Yo sé que él me ayudó. Yo sé que él lo cuidó y lo salvó*»

Nayth Albert - Estados Unidos 2003.

Nayth y sus hijas decidieron salir a pescar una tarde. Cerca de su casa había un lago, y aunque conocía el lugar no le gustaba tanto la idea de ir sin su esposo (que no podía acompañarlas). Sin embargo, complaciendo a las niñas, decidieron salir temprano de la casa y emprender su aventura de pescar ese día.

Ella es muy perceptiva, e inmediatamente al llegar al lugar la invadió una sensación de miedo que no supo explicar, pero sin hacerle caso a su intuición se dispuso a colocar la carnada en las cañas de las niñas.

En ese momento, del otro lado del canal vio a un hombre vestido todo de beige con sombrero también beige (color kaki) y una larga barba que le dijo: «*Señora es peligroso que pesque hoy aquí con las niñas*». Ella le preguntó: «*¿Por qué?*» El señor respondió: «*Las compuertas estás abiertas y si usted o una de sus hijas se cae no le va a dar tiempo de ayudarla*».

Nayth y sus hijas decidieron empezar a retirarse, cuando volvieron a mirar al otro lado del canal buscando al señor para agradecerle por el aviso, pero el señor había desaparecido. Lo extraño es que parecía imposible que alguien se alejara de ese sitio sin ser visto y en menos de dos minutos.

Nayth nos comenta: «*Hasta el día de hoy mis hijas y yo pensamos que fue un ángel en forma humana que vino a protegernos*».

Verónica González - Venezuela 1999

Verónica estaba saliendo del estacionamiento de la casa de su madre en Caracas. Se estaba montando en su carro cuando, con el rabillo del ojo, vio un carro rojo que pasó por detrás de ella. En ese momento sintió un poco de temor pero no le prestó atención. De pronto se acercaron tres hombres para asaltarla, uno estaba por el lado izquierdo del carro (puesto del copiloto) y dos estaban apuntándole directamente a su cabeza. La intención era subirla al carro, por lo que uno la sostuvo de un brazo y el otro la agarró por el otro brazo, y entre ambos trataban de meterla adentro pero ella se oponía.

Su esposo y su hijo que también estaban en la casa de su madre, bajaron al estacionamiento en ese momento y se montaron en su camioneta, al dar la vuelta su esposo pudo ver lo que estaba ocurriendo y empezó a tocar corneta insistentemente, llamando así la atención de los vecinos.

Los asaltantes, nerviosos, comenzaron a disparar en contra del esposo de Verónica, y ella en su desesperación pensaba que no quería bajo ningún motivo subirse al carro. Se preguntaba a sí misma: «¿*Qué hago, Dios mío? ¡Yo no me puedo ir con estos hombres! ¡Ayúdame!*» Ella temía por su integridad física y aún entre miles de pensamientos que invadían su mente en fracciones de segundos, continuaba con sus peticiones. En medio de los disparos Verónica, escuchó una voz fuerte que le ordenó: «*¡Vas a desmayarte y caerte al piso!*»

Ella siguió las instrucciones de aquella voz inmediatamente. Se hizo la desmayada, desvaneciéndose y cayendo al piso. Los delincuentes pensaron que la habían herido por lo que se asustaron y montándose en el carro le pasaron por encima dejándola allí tirada. Verónica se salvó y el carro sólo le rozó su pie izquierdo, sin causarle ningún tipo de lesiones.

Ella dice: «*Era la voz de alguien que me cuida y protege a mi familia. Estoy convencida de que fueron los ángeles que en ese momento me ayudaron y nos salvaron a todos del peligro*».

Verónica - Estados Unidos 2007

Verónica y sus hijos tuvieron un accidente en Weston, Florida. Cuando iban por la vía de Griffin Road, su carro fue embestido por una camioneta que venía en contra sentido, cuya conductora se dio a la fuga. Verónica decidió seguir a la señora, a esto se unió un policía que había visto lo que acababa de acontecer.

Verónica y el policía consiguieron que la señora que había huido se detuviera del lado izquierdo de la vía, en la isla que separa la carretera de la vía contraria. De tal modo que habían quedado parados del lado izquierdo el carro de Verónica, la camioneta de la señora, y el carro del policía. Los adultos se bajaron de los carros y comenzaron a discutir sobre todo lo que había pasado. Los niños se quedaron dentro del vehículo, se soltaron los cinturones, arrodillándose en el asiento mirando hacia atrás. De pronto Verónica volvió a escuchar la voz que le dijo: «Debes bajar a los niños del carro». Era la misma voz que había escuchado antes (en Venezuela) aunque el tono no era tan fuerte como la primera vez.

Verónica siguió la orden, bajó a los niños del carro y todos se quedaron en la isla de la carretera. Minutos después un carro que venía con exceso de velocidad embistió a todos los vehículos que estaban estacionados. La parte trasera del carro de Verónica donde estaban los niños quedó completamente dañada. Los niños hubieran sufrido graves daños. Nuevamente el Ángel de la Guarda intervino para prevenir y auxiliar a Verónica.

Ella, al preguntarle: ¿A qué podía atribuir su experiencia? respondió: «*A que tengo un Ángel bello que me cuida, y gracias a Dios, a pesar de que nos han pasado muchas cosas, la verdad es que no han sido nada grave. Los bienes materiales se recuperan pero la vida y la salud no. Quiero que la gente cree conciencia y sepa que tiene un ángel. Todo el mundo tiene un ángel. Hay que abrir ese canal y estar pendientes. Todos tenemos un Ángel Guardián pero no todos sabemos cómo contactarlo.*»

Oración al Ángel
Custodio de los hijos

Amado Ángel de la Guardia
Te entrego a mis hijos,
Para que estén siempre en tu compañía
Llenándolos de proyección y sabiduría
Que escojan a sus amigos con el bien como camino
Que escojan su dirección guiados por tu mano
Mantente a su lado en momentos de debilidad o angustia
Fortalécelos en sus corazones
Con tu devoción a Dios
A ti te los entrego para que cada día
Prive el reino de los cielos en sus vidas
Y aprendan a alabar al Dios de alturas. Amén.
Invocación al Arcángel Gabriel
(por el bienestar de la familia)
Amado Arcángel Gabriel, te invoco en este momento,
Pidiendo tu hermosa iluminación y guía,
Para mí y para toda mi familia,
Protege nuestros caminos con tus legiones de ángeles
Custodia nuestro hogar, nuestros familiares y amigos
Que tu luz se extienda en nuestras vidas para tener la
pureza, el amor y la ternura de Dios cada día

Despierta en cada uno de nosotros los valores
de humildad y entrega
Haznos comprender que sólo dando nace el sentimiento de
calma y sosiego que engrandece al hombre,
elevándolo hacia el Padre
Derrama sobre cada uno de nosotros la paz y
la dicha del que todo lo entrega.
La sabiduría y el intelecto del que avanza seguro.
La serenidad antes que el tormento y
El perdón antes que el odio.
Amado Ángel mensajero de luz
Cubre con tu manto a toda la familia
Para que permanezca unida, en paz y armonía.
Amén

Salud

La Curación a través de la Energía Angelical

La salud está muy relacionada con la prosperidad, ya que para disfrutar de las bendiciones debemos tener salud y alegría en el corazón. Por lo que diríamos que la curación es una experiencia interior que se manifiesta externamente en nuestro cuerpo físico.

La curación sucede cuando se da la armonía que nace primero en el alma, luego en la mente y seguidamente en nuestro cuerpo físico. Este es el equilibrio que debe existir en el hombre como ser integral «mente, cuerpo y espíritu».

En la salud trabaja el rayo verde también, por lo que el Arcángel Rafael y sus Ángeles Sanadores son los encargados de asistirnos. En todos los lugares donde hay un enfermo, en los hospitales, asilos de ancianos, casas, etc., se dice que se encuentran apostados en sus puertas legiones de Ángeles Sanadores esperando ser invocados para auxiliar a los que padecen.

Uno de los servicios que prestan los Ángeles y Arcángeles a la humanidad es sanar los cuerpos afectados por enfermedades o desarmonías. Debemos entonces invocarlos y ellos nos asistirán en operaciones, consultas médicas, diagnósticos, etc.

Ellos transmiten la energía a través de su aura y de sus manos restableciendo la armonía del cuerpo físico de los enfermos, a veces esto no ocurre drásticamente y se requiere de un trabajo de sanación del alma, pues como veremos las enfermedades ocurren primero en otro espacio antes de manifestarse en el cuerpo físico.

La enfermedad se manifiesta cuando hay un desequilibrio en el pensamiento, palabras e intenciones. Los temores paralizan, el miedo corroe y la venganza genera un daño irreversible en el corazón, que tendrá su contrapeso de otra forma en el mundo de la materia. Cuando hay una baja de vibración en nuestros centros de energía ocurre la enfermedad.

La ira, la rabia interna, las emociones descontroladas, sobresaltos, agobios, preocupaciones, todas estas emociones acaban con nuestra salud. A veces por razones de ley universal encontramos enfermedades que no son producidas necesariamente por los pensamientos o emociones, pero nos referiremos en esta sección únicamente a la enfermedad emocional.

Así se somatizan todas estas tensiones en nuestro cuerpo, por eso puede afirmarse que la base de la curación es nuestro equilibrio interno. Los griegos de la antigüedad decían muy sabiamente: «mente sana en cuerpo sano», y tenían razón; calmar la mente y mantener la armonía en nuestra vida nos traerá salud, curación y prosperidad.

También debemos tener en cuenta nuestros hábitos y el trato que le damos a nuestro cuerpo. Los excesos de alimentos y comidas dañinas desbalancean también nuestra energía, el hábito de fumar, consumir bebidas alcohólicas, el sedentarismo, las drogas, los fármacos, somníferos etc. Todos estos hábitos nos roban la energía y bloquean nuestro cuerpo físico.

Es importante entrar a considerar brevemente conceptos como el aura (campo electromagnético) y los chakras (centros de energía) del cuerpo humano.

El Aura Humana

La palabra «aura» viene del griego, y significa «aire» o «brisa». Es el campo electromagnético que envuelve a todos los seres vivos, y en el caso de los seres humanos se ve influenciada por el estado emocional de cada individuo. El aura refleja la personalidad y las situaciones que experimentan las personas. Ha sido descrita como un halo de luz que emana del cuerpo, de colores y sin límites definidos.

Este campo electromagnético filtra las bajas vibraciones de energía. Cuando nos sentimos estresados, angustiados, agotados, o deprimidos, bloqueamos nuestros centros de energía (chakras) e inconcientemente interferimos con el flujo natural de nuestro campo aúrico, desequilibrándolo.

El aura humana está conformada por siete niveles, cuando alguno de ellos se encuentra en desequilibrio afecta al nivel más cercano, lo cual posteriormente puede reflejarse en nuestras emociones (rabia, depresión) y/o en nuestro cuerpo físico (dolencias o enfermedades).

De allí la importancia dada a nuestro campo de energía y a los centros o chakras, pues balanceados y armonizados pueden ayudarnos a sentir salud, equilibrio y paz.

Los Chakras

Chakra significa en sánscrito «rueda». Los chakras son los centros o vórtices de energía que se encuentran en el cuerpo físico. Estos centros toman e intercambian su energía con la que se encuentra en el campo de energía vital universal, la cual al ser absorbida es llevada a través de cada chakra a la zona del cuerpo en la que se encuentren las terminaciones nerviosas más cercanas.

Cuando estos centros de energía se encuentran desbalanceados, dejamos de recibir e intercambiar energía con la fuente suprema universal, bloqueando nuestro ser, lo cual puede afectar distintas áreas de la vida. Existen actualmente las terapias vibracionales que equilibran los chakras, restableciendo el campo energético humano y aumentando el bienestar y armonía.

Para que conozcas con qué parte del cuerpo físico se relaciona cada chakra, te presentamos a continuación una descripción clara y sencilla de los mismos. Hay siete chakras principales que están localizados cerca de las zonas nerviosas del cuerpo, éstos son:

1º Chakra - Base: Se encuentra entre las dos piernas y está relacionado con nuestra voluntad de vivir, la energía vital de nuestro cuerpo. Aporta energía a la columna vertebral, riñones y a las glándulas suprarrenales.

2º Chakra - Sacro: Se encuentra en el hueso púbico, se relaciona con nuestra sexualidad y aporta energía a nuestros órganos sexuales y al sistema inmunitario.

3º Chakra - Plexo Solar: Como su nombre lo indica se encuentra en el plexo solar. Rige nuestras emociones y se relaciona con la intuición, con quiénes somos en el universo. Aporta energía al estómago, el hígado, el páncreas y el sistema nervioso.

4º Chakra - Corazón: Se encuentra en la zona del corazón y está relacionado con el amor y la voluntad. Aporta energía al sistema circulatorio, al timo y a la región superior de la espalda.

5º Chakra - Garganta: Se encuentra en la parte anterior y posterior de la garganta y está asociado con los sentidos del oído, gusto y olfato. Aporta energía a la glándula tiroides, bronquios, pulmones y tracto digestivo.

6º Chakra - Cabeza: Está situado en la frente y en la parte posterior de la cabeza. Se relaciona con la conceptualización y concreción de nuestras ideas. Aporta energía a la pituitaria, parte inferior del cerebro y sistema nervioso.

7º Chakra - Corona: Se encuentra en la parte superior de la cabeza. Se relaciona con nuestra espiritualidad. Suministra energía a la parte superior del cerebro y al ojo derecho.

La curación llega en la medida en que te apliques más en tu trabajo espiritual, le pidas a los Ángeles que invadan tu campo de energía con el rayo verde esmeralda, y tener tu depósito de ese rayo en tu aura te servirá para cuando lo necesites o cuando requieras utilizarlo para tus familiares o amigos. Recuerda que los ángeles pueden llevar tus intenciones a cualquier lugar del mundo en un instante, sólo debes invocarlos y demandar su favor, ellos derramarán su rayo sanador donde sea necesario.

Los ángeles no sólo desean curar el cuerpo físico y sanar las dolencias, ellos van más allá de eso, pues comprenden que la causa de la enfermedad es generada en esta dimensión, por los pensamientos limitantes y energías desbalanceadas.

Vuelven para desear que estemos unidos y concientes de nuestro rol en relación con las enfermedades. Podemos sanarnos, y ayudar a sanar a los demás, si manejamos esta información.

Rafael, el doctor divino, y sus ángeles nos dicen que nos acerquemos a Dios en el camino de la curación. Los ángeles sanadores son las manos que van a curarnos provenientes del cielo, de ellas emanan rayos de luz cristal restauradora y sanadora, ellos pueden ayudarnos a curar, por lo que puedes llamarlos y ellos atenderán. Esto no significa que no debamos ir al médico y seguir sus indicaciones, al contrario siguiendo lo recomendado por la medicina y solicitando la intervención angelical, los ángeles nos llevarán a la curación completa.

Cuando iniciamos el camino de curación en compañía de los ángeles, debemos comprender que se ha dado el primer paso hacia la transformación personal y la elevación de nuestro estado de conciencia.

La sanación puede ser una tarea difícil si no comprendemos el término en función de las energías. Podemos decir que sanar es realinear nuestros centros de energía, que trabajarán armónicamente brindándonos una sensación de paz y tranquilidad.

Para lograr este objetivo y alinearnos con la energía universal debemos -como ya lo hemos comentado- aclarar las emociones. Para mantenernos en sintonía con lo que sentimos debemos expresarnos, ser nosotros mismos y no reprimir nuestros sentimientos. Uno de los causantes del desequilibrio emocional y energético es que vivimos reprimiendo y conteniendo —y hasta ocultando— las emociones.

Existen personas que reprimen tanto su verdadero ser que nadie puede percibir sus niveles de angustia. Están atrapados en un rol que ellos mismos asumieron de perfección y autosuficiencia, y todos realmente creen que son así. Cuando estas personas se derrumban puede ser terrible, y a veces demasiado tarde, pues han sido ya tomados por enfermedades.

Estas personas, generalmente independientes, fuertes, seguras y que aparentemente no tienen problemas, son almas atrapadas en un papel que ellas mismas asumieron representar y que pueden llegar a desmoronarse ante una situación de estrés o conflicto.

Si dejamos de expresarnos y de «ser auténticos» estamos cerrándonos y negándonos a recibir los regalos de la divinidad, dando paso a las enfermedades que lentamente van tomando posesión de nuestros cuerpos físicos.

Debemos estar también atentos a los estragos que puede causar el estrés en nuestro cuerpo, bajo estas circunstancias el sistema inmunológico se debilita, dando lugar a que se alojen los virus o enfermedades. Maneja tus emociones concientemente, reconociendo la importancia de realizar actividades que disminuyan tus angustias y el estrés del que nadie escapa en esta época. Puedes adquirir el hábito de meditar, de llevar una alimentación sana, de salir y disfrutar de la naturaleza, de un atardecer. Presta atención a las maravillas de la creación y disfrútalas, esta energía te conectará de nuevo con la fuente suprema y recargarás tu campo energético.

Otro punto a considerar es que las enfermedades pueden ser causadas también por tener emociones bajas como la avaricia, la envidia, el orgullo, la manía de criticar y juzgar al otro, que a la larga deterioran el alma humana y terminan enfermándonos. A partir de ahora deja de lado el hábito de juzgar, recuerda aquello que reza. «Con la vara que mides serás medido».

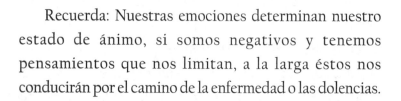

Lucas (6:37-38)

«No juzguen, y no se les juzgará. No condenen y no se les condenará. Perdonen y se les perdonará. Den, y se les dará: se les echará en el regazo una medida llena, apretada, sacudida y desbordante. Porque con la medida que midan a otros, se les medirá a ustedes».

Recuerda: Nuestras emociones determinan nuestro estado de ánimo, si somos negativos y tenemos pensamientos que nos limitan, a la larga éstos nos conducirán por el camino de la enfermedad o las dolencias.

Está comprobado hoy en la medicina cuerpo-mente, que las enfermedades tiene su origen primero en la mente. El Dr. Deepak Chopra, médico psiquiatra indio especialista en medicina ayurveda, afirma que para tener buena salud hay que tener pensamientos positivos. «Cada pensamiento genera una molécula en el cuerpo; así, los pensamientos positivos generan moléculas positivas. Lo que no sólo logrará una perfecta salud y detendrá el envejecimiento, sino que el crimen, las guerras y aún los accidentes serán cosa del pasado».

Cuando aparezcan los malos pensamientos,
Como la injuria y la falsedad, ya sean practicados o pensados
Aprobados a través de la codicia,
La ira o el engaño: tanto si son de intensidad suave, media
o alta y son de ignorancia y miseria infinita, pruebe el
método de pensar en sus pensamientos opuestos positivos,
o de acostumbrar la mente a los opuestos.
Patanjali, Yoga Sutras II-34

También se da el caso de las personas que sustituyen su búsqueda de la felicidad, por las adicciones o dependencias como:

- Estupefacientes o drogas
- Alcohol
- Comida, dulces, etc.
- Fanatismo religioso
- Juegos de azar
- Exceso de trabajo
- Gastos extras y deudas

Estas personas que viven un gran vacío emocional sustituyen ese espacio en sus vidas llenándolo con adicciones que les traen felicidad momentáneamente, en vez de aclarar sus emociones, aceptarlas y ser libres en sentir y expresarse.

Si te ves a ti mismo en alguna de estas situaciones, es recomendable que comiences tu trabajo espiritual, que aclares tus emociones y te des cuenta que ninguna de estas aparentes salidas o escapes te conducirán hacia la verdadera plenitud. Al contrario, terminarán por afectarte tanto que te sentirás cada vez más vacío y solitario.

Pide asistencia a los ángeles, busca la ayuda adecuada porque mereces gozar de buena salud, tener una vida plena y sobre todo ser feliz.

La Luz del Arcángel Rafael

Para activar el rayo verde esmeralda en nuestro campo de energía e invadir nuestro cuerpo con la luz del Arcángel Rafael y sus legiones de ángeles, podemos seguir las siguientes indicaciones:

1) Acostumbra a realizar una meditación diaria, dedica para esta tarea media hora al día.

2) Aliméntate en forma moderada y saludable.

3) Realiza alguna actividad física que te permita sentirte mejor y mover la energía en tu cuerpo físico.

4) Aclara tus emociones controlando tu pensamiento y sentimientos.

5) Ten el hábito de agradecer cada día las bendiciones terrenales.

6) Realiza afirmaciones que denoten tu estado de salud saludable y tu bienestar.

7) Decreta tu salud, tu equilibrio y tu prosperidad. Todo esto será reflejo de tu estado emocional.

8) Sé bondadoso con tu prójimo, recuerda «lo que das, recibirás». Debes compartir tu dicha con el menos privilegiado.

9) Si estás enfermo, visualiza que el rayo verde esmeralda cubre todo tu cuerpo sanándolo y limpiándolo de las enfermedades.

10) Siéntete bien, si tu mente registra pensamientos de tristeza o depresión, miedo o temor, deséchalos.

11) Dale paso sólo a lo perfecto y divino en tu vida.

Testimonios

Pedro Santa María - Estados Unidos, 1990.

Pedro es un buen hombre de familia. En los años de juventud tuvo que dejar a su familia para buscar trabajo y cubrir los estudios de sus hermanos menores. Logró con mucho esfuerzo, y después de algunos años, conseguir un buen trabajo que le permitiera ayudar a su familia y mantenerse por sí mismo.

Pedro perdió a su hermano de forma brusca en un accidente de tránsito, era su hermano menor y él no dejaba de culparse porque no impidió que su hermano saliera esa noche y evitar que tuviera ese trágico accidente que le quitó la vida. Pedro no lloró a su hermano, reprimía su sufrimiento y dolor delante de todos.

Años después se enamoró de Isabel, una mujer mucho más joven que él, y se apresuró a pedir su mano al padre, quien estuvo de acuerdo con el matrimonio.

Al cabo de un año se casaron, y en los primeros años de matrimonio su unión fue bendecida con tres hijos. Pedro era un hombre feliz, sin embargo en su vida sentía el vacío y la soledad por la pérdida de su hermano. El dolor le corroía su corazón. No pretendía sustituir el amor de su hermano con el de su esposa, pero en un principio Isabel lo había consolado y sus tres hijos también.

Pedro no había llorado la ausencia de su hermano jamás. Siempre fue el hijo que sustentó a su familia y hermanos. Tenía esa carga sobre sus hombros.

Una tarde en el trabajo, un ángel se presentó y le dijo: «*Pedro, apártate del sufrimiento y deja a tu hermano*».

Pedro pensó que se trataba de un invento de su imaginación, sin embargo a los tres días volvió a escuchar la voz del Ángel que le decía: «*Pedro, deja ya de recordar a tu hermano*».

Pedro no resistió más, y en medio de su jornada laboral se desplomó en llanto. La intervención del ángel como hecho mágico y en su mensaje de ternura le devolvieron su llanto, pudo llorar y recordar a su hermano, fortalecido en el amor del ángel. Su hermano se llamaba Rafael, por eso él le atribuye la presencia angélica al Arcángel Rafael, quien sanó las heridas de su corazón.

Alma Rosa Bejarano - Colombia 2002

Todo empezó un día en que Alma Rosa caminaba por los pasillos de una clínica y encontró un aviso de un curso sobre comunicación con Ángeles. Inmediatamente, se lo llevó a su hija Lyda, quien siempre se había sentido atraída por este tema.

Alma Rosa asistió al curso y sintió la presencia de los ángeles, recibiendo mensajes angelicales que le abrieron la mente hacia otras perspectivas de la realidad. Su hija y su madre asistieron al curso, en el que pudieron también percibir la energía de los ángeles y comunicarse con ellos.

Poco tiempo después, a su madre le fue diagnosticado un cáncer que ya estaba un poco avanzado. Por su edad y por los factores genéticos, era un cáncer complicado de tratar. Tanto Alma Rosa como su madre se aferraron al amor y la luz de los ángeles. Hacían meditaciones en las que invocaban su presencia y su ayuda, y su madre los podía percibir y sentir tanto que estaba convencida que ellos la ayudarían. El día de la cirugía, su madre les pidió fervientemente que la curaran y antes de salir de su casa sintió que algo le había sido retirado de su cuerpo físico justo en el lugar donde tenía el cáncer. La cirugía estuvo muy bien y durante su recuperación ella sabía que ya no tenía nada. Empezó a trabajar con la luz verde esmeralda y a decretar su salud y vida, completamente segura de que los ángeles la habían salvado.

Hoy en día, la madre de Alma Rosa está sana y salva, feliz con los ángeles que la acompañan siempre y que ella afirma ha podido ver algunas veces.

Tiempo después a Alma Rosa le diagnosticaron también cáncer. Mientras buscaban un doctor para que realizara la cirugía, ella y su hija Lyda les pidieron a los ángeles que les diera una señal para saber cuál sería el oncólogo que debían escoger. Visitaron varios doctores antes de encontrar al doctor con el que se sintieron cómodas, éste les explicaba detenidamente como sería la intervención y en qué consistía el tratamiento. Cuando el médico salió un momento, Alma Rosa y su hija se percataron de que en la biblioteca que estaba en el consultorio había una hermosa imagen de un ángel. Para ellas, esa fue la señal. Se realizó la cirugía y todo se resolvió de la mejor manera. Alma Rosa se encuentra perfectamente bien de salud y nos comenta: «*Así como estas historias que han envuelto a toda nuestra familia hemos tenido muchísimas vivencias grandes y pequeñas que nos han convencido que los ángeles existen y están aquí para ayudarnos*».

Sol Estrella - Estados Unidos 2005

Sol Estrella se desempeñaba como consultora en Terapia de Respuesta Espiritual. Unos años después, descubrieron que padecía de cáncer, en el útero y en el colon. En vista de que su profesión requería estar completamente sana y equilibrada para poder brindar ayuda emocional a los demás, no pudo continuar trabajando. Sol Estrella no podía sostenerse de pie y su aspecto ya dejaba ver su enfermedad.

Durante más o menos nueve meses sin trabajar su situación financiera empeoró muchísimo, quedándose sin dinero para cubrir sus gastos y los de su familia. Tampoco tenía seguro médico que cubriera los gastos de su enfermedad por lo que un día decidió entregarse a Dios y al Arcángel Rafael. Ella misma nos cuenta:

La misión de los Ángeles Sanadores es equilibrar las energías de la creación. El equilibrio en el universo es perfecto, todo se desarrolla en armonía, sin desorden o retardos, todo es equilibrio. Es importante reconocer que todo lo creado por Dios es bello y perfecto, así debemos nosotros también tener esas cualidades en orden perfecto dentro de nosotros.

¿Qué nos desajusta o atrae la apariencia de enfermedad? Nuestro pensar y sentir. La luz de los ángeles provenientes de la divinidad puede ser transmitida a ti de forma hermosa y sutil.

La curación proviene del interior, cuando el ser armoniza su centro del corazón y vuelve a vibrar con la salud, la abundancia y el amor.

Los ángeles sanan, equilibran y limpian con su energía átomos, células, tejidos y órganos con apariencia de enfermedad,mediante sus potentes rayos de luz sanadora. Con la ayuda del paciente, esto resulta en la superación de la enfermedad y la curación en muchos casos.

«...*decidí ponerme en las manos de Dios y el Arcángel Rafael (mi Ángel de la Guarda) quien es bien llamado el médico de Dios, desde entonces «Mágicamente» mi vida comenzó a cambiar de un día para otro: comencé a tener Fe, ilusión por vivir, paz, armonía y mis problemas comenzaron a solucionarse de una manera asombrosa*».

Para esa fecha, Sol Estrella le rentaba la casa a un policía que tenía una actitud severa y dura ante la vida. Sin embargo, pudo llegar a un acuerdo con él de consumir el depósito del alquiler mientras mejoraba y conseguía un empleo. El depósito le cubría los gastos de alquiler por algunos meses.

De forma inesperada, comenzó a recibir dinero para pagar los servicios (luz, agua, teléfono, basura, etc.), pues algunos amigos, enterados de la situación, le enviaban dinero para pagar estos gastos. El dinero que recibía cubría inexplicablemente el monto exacto de lo que debía.

Cada semana tocaban la puerta y al abrirla no había nadie, pero encontraba en el suelo una bolsa de comida, frutas frescas, vegetales, leche, pan, etc.; «milagrosa-mente» los víveres que estaban necesitando. Los niños siempre le decían «*Mami tus angelitos nuevamente nos enviaron comida*».

Aunque parezca insólito y para muchos poco creíble así sucedieron las cosas, Sol Estrella tuvo varios meses sin dinero, muy enferma y jamás le faltó absolutamente nada, al contrario pudo curarse sin asistir a quimioterapias, ni tratamientos dolorosos.

Sol Estrella concluye su relato diciendo: «*Un buen día amanecí sintiéndome bien, había recuperado mi salud y mi vida. Así funciona, así trabajan Dios y los Ángeles en nuestras vidas, sólo es cuestión de creer en la Magnificencia Divina y tener fe*»

Gisela Rodríguez - Venezuela 2006

Gisela sentía un dolor en el lado izquierdo que abarcaba el pecho, el cuello y el brazo. Después de ir al médico se le practicaron unos exámenes completos.

En el electro parecía verse una figura extraña; y le prescribieron unos medicamentos.

Pasadas cuatro horas de haber iniciado el tratamiento Gisela comenzó a sentir un fuerte dolor en el pecho, la trasladaron al hospital presentando un infarto al miocardio fulminante. Entró a terapia intensiva, donde fue atendida por un grupo de especialistas.

Gisela no recuerda casi nada. Solamente que perdió el conocimiento y que vio al Arcángel Miguel. Gisela nos cuenta:

«Frente a mí vi a San Miguel y a San Rafael, yo les decía que no me quería ir todavía, que tenía mucho que darle a mis hijos. Pude verme fuera de mi cuerpo por mucho rato y vi a todos esos médicos junto a mi cuerpo».

Así pasaron nueve días en terapia intensiva. Gisela se recuperó pero había sido declarada muerta clínicamente con una tensión arterial de 2/0. Después de realizarse una serie de exámenes, el internista y el médico de medicina nuclear al estudiar los resultados le informó que físicamente se observaba solamente una pequeña lesión en la arteria coronaria y que no entendía el diagnóstico que le habían referido, pues hablaba de una muerte clínica y no podía tratarse jamás de la misma persona.

Hoy Gisela continúa con su tratamiento y se encuentra muy bien. Siempre fue devota de los ángeles y Arcángeles encomendándoles su protección y la de su familia.

Gisela dice: *«... mi fe es única, después del Gran Maestro está San Miguel. San Rafael que me ha sanado y todos los ángeles del cielo. Sé que siempre están junto a mí y los míos».*

Invocación al Arcángel Rafael
y los ángeles sanadores

Arcángel Rafael, todas las noches mientras duermo, toma mi alma y llévame contigo a otros planos sutiles de luz. Solicito acceso a los salones de restauración de la integridad del alma para que los ángeles terapeutas equilibren y sanen mi cuerpo físico de toda enfermedad o dolencia que se esté manifestando.

Envuélveme en tus alas e inyecta en mí tu luz verde esmeralda cargada del amor y la perfección de Dios. Ayúdame a armonizar mis centros de energía, a equilibrar mis cuerpos mental, emocional, físico y espiritual. Sana mi psicología personal y energiza con tu luz mi campo electromagnético. Ayúdame a elevar mi nivel de energía, vibración y conciencia para comprender que la enfermedad no tiene cabida en mí.

Muéstrame las causas que han hecho que se manifieste alguna apariencia de enfermedad y enséñame a acrecentar la unión de mi mente, cuerpo y espíritu. Yo escojo la salud y la vida. Entréname en el hermoso arte sanador del amor divino incondicional para curarme y aprender a curar a otros a través de tu poderosa luz. Amén

La Misión de Vida y el Trabajo

Antes de nacer y asistidos por los seres de luz que habitan en un plano extrafísico, se nos define nuestra vida futura aquí en la Tierra. Esto comprende también las lecciones que debemos aprender (de acuerdo con los procesos de vida que correspondan a nuestra alma) y las habilidades o virtudes con las que naceremos, lo cual nos permitirá contribuir de una forma especial con la evolución de la humanidad.

Todos nacemos con dos propósitos:

1) Elevar nuestra propia conciencia universal

2) Contribuir con la elevación de la conciencia y la iluminación de todo el planeta.

Llamaremos al primer punto el programa de vida, y al segundo punto la misión de vida. Nuestro programa de vida indica también las circunstancias en las cuales vamos a nacer, la familia, el contexto social, la cultura y esto irá siempre de acuerdo con las habilidades que debamos aprender o desarrollar. Dentro de estos programas de vida encontramos que las lecciones pueden ser la paciencia, la tolerancia, la pobreza, la soledad, la riqueza, la inteligencia, la sabiduría, etc.

Cada alma tiene una misión única que debe poner en manos del Creador, ésta es nuestra contribución a la humanidad. Por esta razón, cada quien cumple una misión específica, y cuanto menos tiempo nos tardemos en encontrarla más satisfechos y felices nos sentiremos.

Todos venimos al mundo con un propósito bien diseñado, pero al mismo tiempo, contamos con el libre albedrío para elegir cumplirlo o no. Esto puede confundirnos, porque a veces no sabemos qué camino tomar ante la diversidad de opciones que se nos presentan. Hay personas que desde pequeñas encuentran su propósito en la vida, deciden que serán médicos, ingenieros, músicos, etc., pero hay muchos otros que no tienen esa suerte. En algunos casos, ese camino se encuentra ante nuestros ojos pero no lo reconocemos porque no escuchamos nuestro ser interior.

Queremos alcanzar logros y metas que no nos pertenecen. Deseamos complacer a los padres, a la pareja, a los profesores o amigos y nos equivocamos. Lo trascendental de todo esto es que puedes encontrar tu misión de vida en cualquier momento y dedicarte completamente a seguir tu propósito de vida sin nada que temer. Es como tener la garantía de que ese es tu camino y debes seguirlo.

Quiero decir que no puedes perder la partida.
No puedes fracasar. No entra en el plan.
No hay modo de que no llegues a donde vas.
No hay modo de que equivoques tu destino.
Si Dios es tu objetivo estás de suerte, pues
Dios es tan grande que no puedes perderte.
Neale Donald Walsh «*Conversaciones con Dios*»

Ejercicio para clarificar tu Misión de Vida

Responde las siguientes preguntas:

1) Escribe tus talentos y habilidades.

2) Según la opinión de los demás ¿cuáles son tus talentos y habilidades?

3) ¿Estás dedicado actualmente a lo que te gusta?

4) Haz una lista de tus sueños.

5) ¿Qué te gustaba jugar cuando eras pequeño?

6) ¿Qué te impide alcanzar esos sueños?

7) ¿Te sientes bien haciendo lo que estás haciendo?

Respondiendo esas preguntas intuitivamente las respuestas llegarán a ti. En caso contrario, pídeles a los ángeles que te guíen y te ayuden a encontrar tu misión de vida. Todos tenemos un talento único y especial, descúbrelo y dedícalo a Dios.

Otra recomendación es utilizar la visualización que nos puede ayudar a clarificar nuestra misión de vida. En el apéndice de este libro encontrarás una meditación guiada que tiene precisamente este objetivo: ayudarte a clarificar tus anhelos para descubrir tu misión de vida. En estado meditativo la mente se calma, permitiendo el paso de información que contiene respuestas o la guía amorosa de nuestros ángeles. Por eso debemos conectarnos con nuestro verdadero ser, nuestra esencia divina, la fuente de alegría permanente, nuestro ser interior.

Si realmente quieres conocer en profundidad de qué se trata tu misión y cómo desarrollarla con eficiencia, tómate un tiempo diario para meditar sobre el asunto. Comienza a considerar tu desarrollo personal y espiritual como una prioridad en tu vida. Dedícate unos minutos cada día para estar solo y conectarte con tus objetivos existenciales.

Una vez que encontramos nuestro propósito de vida, podemos soltarnos al universo, confiados en que siempre aparecerán las personas y las situaciones perfectas para dar cumplimiento a nuestro deseo. Paulo Coelho, autor brasileño, dice en su libro *El Alquimista*: «*Cuando alguien desea realmente algo en su vida, el universo entero confabula para hacer realidad su sueño*». Podríamos agregar a esta cita que los ángeles son los autores de esa confabulación.

Cuando trabajamos en nuestra misión de vida lo hacemos con dedicación y alegría. Tenemos la sensación de que el tiempo transcurre rápidamente y disfrutamos lo que hacemos. Lo interesante de descubrir tu misión o pasión de vida es que te sentirás satisfecho con el trabajo que estés realizando. Las ideas y la creatividad impulsarán tus proyectos. Cada día querrás desarrollar y mejorar tu empresa o área en la que te desenvuelvas. Hay una frase que dice: «*El que hace lo que le gusta, está irremediablemente condenado al éxito*».

Testimonios
Mildred Villegas - Argentina 1995

Mildred era estudiante de la escuela de derecho, pero siempre había sentido inclinación por la medicina. Quería ser doctora pero su madre la convenció de inscribirse en la escuela de Derecho. Mildred no estaba satisfecha y aunque era excelente alumna deseaba profundamente ser médico.

Al tercer año de la carrera se encontraba en una carretera hacia la universidad, porque vivía lejos del campus, y presenció un terrible accidente. Ella se detuvo y ayudó a los heridos a salir de la camioneta. Salvó a varios de los heridos con su instinto natural de sanadora. Contuvo la sangre con tapones hechos de ropa, inmovilizó al conductor y dio cariño y protección a los niños.

Mildred no fue ese día a clase y regresó a su casa. Ella era devota fiel de los ángeles y comenzó a hablar con ellos, «*Angelitos, ¿por qué si sé cuál es mi vocación no sigo mi destino?*». «*Ayúdenme a comprender el significado de esta vivencia de hoy y la lección que debo aprender*».

Esa misma noche, Mildred tuvo un sueño: era una visión de lo que había pasado esa tarde en aquella carretera. Ella venía en carro cuando divisó la camioneta desviada y sin dirección, comenzó a dar vueltas... pero en ese momento pudo ver varios ángeles rodeados de luz sosteniendo la camioneta evitando que se cayera por el borde de la carretera hacia el barranco.

Los ángeles le facilitaron el rescate, colocaban sus manos sobre los heridos, la envolvían a ella mientras los auxiliaba, esta visión tan vívida era la forma en que los ángeles habían respondido a su petición. Luego, le mostraron a ella imágenes de otro tiempo en el futuro. Mildred era médico y atendía niños en terapia intensiva en algún hospital.

Al día siguiente Mildred fue a la Universidad y se cambió de carrera, no le consultó nada a su madre, sino cuando ya había sido aceptada. Su madre al principio no estuvo de acuerdo pero luego tuvo que ceder.

Hoy en día, Mildred es pediatra especialista en neonatología y se siente satisfecha de sus logros intelectuales y profesionales, pero destaca de manera particular su devoción y dedicación a los niños. Dice que está continuamente rodeada de ángeles sanadores que la ayudan en su misión de vida.

Invocación al Arcángel Jofiel y los ángeles de la iluminación

Jofiel Arcángel de la Iluminación y la sabiduría, te invoco desde todo el amor que fluye y emana a través de mi corazón y solicito tu divina asistencia en este momento de mi vida. Envuélveme en tu manto de luz dorada y derrama sobre mí todas las bondades del creador, de las cuales soy merecedora y co-creadora.

Fortalece mi alma con la absoluta confianza de que la Gracia será concedida y mi Misión de Vida develada. Descorre el velo que cubre mis ojos y ayúdame a tomar conciencia espiritual, a tener más disciplina y tenacidad al desarrollar mis talentos.

Guíame para contactar con las almas de las personas que puedan ayudarme a cristalizar el trabajo que tanto deseo y sueño, siempre de acuerdo con la voluntad del Padre.

Instruye mi alma para que fluyan las ideas, la creatividad y la luz, para que sea la inteligencia directiva la que me dirija a partir de ahora, y se adelante a mi camino convirtiendo todas las situaciones que se me presenten en una oportunidad para aprender y brindar paz, prosperidad y libertad.

Que así sea. Amén.

Dinero

El Dinero y el Llamado de Suministro

«Más bien busquen primeramente el Reino de Dios y su justicia, y todas estas cosas les serán añadidas». (Mateo 6: 33)

«No acumulen para sí tesoros en la tierra, donde la polilla y el óxido destruyen, y donde los ladrones se meten a robar. Más bien acumulen para sí tesoros en el cielo, donde ni la polilla ni el óxido carcomen ni los ladrones se meten a robar. Porque donde esté tu tesoro allí estará también tu corazón». (Mateo 6: 19-21)

Los ángeles nos dicen que debemos confiar en la abundancia divina y creer que es posible, no solamente para cubrir nuestras necesidades sino para tener una vida próspera y la conciencia de abundancia. Cuando dentro de ti reconoces y sientes que eres merecedor de todo lo bueno y maravilloso de la vida como hijo de Dios, cuando comienzas a tener menos limitaciones mentales y te abres confiando en la divinidad, el dinero fluye hacia ti en armonía.

La primera recomendación a seguir se basa en el principio de la fe y la confianza. Creer de verdad que para Dios todo es posible... y así será. Las limitaciones son creaciones humanas, nos olvidamos que somos seres que podemos manifestar nuestros deseos porque tenemos una parte divina dentro de nosotros.

Los pensamientos de pobreza, carencia o limitación nos alejan del flujo de la abundancia que nos corresponde por ser hijos de Dios. Él desea que estemos bien y felices, que derramemos bondad de nuestros corazones para el prójimo y la humanidad entera, que cuando esa abundancia sea parte de nuestra vida y la hayamos aceptado, podamos repartirla a los demás también.

A medida que vayamos experimentando este nuevo pensamiento y lo llevamos a nuestra forma de vida, el dinero comenzará a manifestarse. Por esto los ángeles nos enseñan a centrarnos en el corazón, porque es allí donde habita el verdadero tesoro, el cual incluye -además de los bienes del espíritu- las comodidades y la riqueza del mundo físico.

Aquí también podemos incluir la salud pues el equilibrio de nuestro cuerpo rebosará en armonía siempre. Seremos prósperos también si estamos sanos, con energía vital y limpios de corazón. Por eso la abundancia se asocia a la salud y al rayo verde esmeralda de curación del Arcángel Rafael.

Esta concepción no resulta sencilla de comprender, requiere de una práctica diaria y de un auto-análisis profundo de nuestra integridad completa, porque si somos seres coherentes en nuestra vida este equilibrio redundará en nuestra prosperidad.

Los ángeles nos invitan a mantener una conducta íntegra en nuestras actitudes, es decir, pensar, sentir, actuar y ser de una misma manera. Ser auténticos y honestos nos permite vivir con claridad y sin culpas o remordimientos.

El dinero en sí mismo no da la felicidad, el dinero es energía, que debe circular, entrar y salir; un medio que nos proporciona bienestar, pero no la felicidad en sí.

¿Cuántas personas conoces que tienen una vida abundante y llena de bienes materiales, carros, casa, negocios o propiedades, pero que llevan una vida insatisfactoria y vacía?

O también: ¿Cuántas personas conoces que son tan humildes y tienen tantas carencias pero confían tanto en el Creador que sus problemas son resueltos por Gracia divina?

Lo ideal es mantener un equilibrio entre estos dos estados, podemos gozar de los bienes materiales, sentirnos felices con nuestras posibilidades y confiar en que el suministro llegará a nosotros por cualquier vía. La abundancia no consiste en tener dinero en el banco, implica también tener sensación de prosperidad, salud, riqueza, felicidad, alegría, paz, fe y estar en sintonía con el flujo universal.

Existen algunas leyes universales sobre abundancia que han sido probadas por muchas personas, hay mucha literatura con muchas recomendaciones y pasos a seguir para alcanzar el éxito, pero el ingrediente principal consiste en conectarnos con nuestra espiritualidad.

Una de estas leyes es la Ley de la Compensación que afirma: Recibimos lo que damos y nuestra recompensa puede ser multiplicada. Entonces, si tenemos la voluntad de entregarnos y poner nuestras intenciones en todo lo que hacemos, seremos recompensados en muchas formas. Esto sucede no sólo para los bienes materiales sino que es aplicable también a las acciones, recuerda «acciones hacen corazones». La bondad, la amabilidad, los favores que extendemos a los demás son actitudes recompensadas. A veces, la compensación es monetaria; otras veces llega a nosotros también con bondades, amabilidades y favores de los demás.

Los ángeles nos dan un gran secreto: «Déjale a Dios tu negocio, hazlo partícipe y Él producirá verdaderos cambios en tu empresa». Ellos te ayudarán enviando las señales, las oportunidades, facilitándote el camino hacia el éxito y la prosperidad. También puedes pedir su asistencia para fortalecer tu ser interior y borrar de tu mente pensamientos y creencias que te limitan.

Un salmo maravilloso que podemos rezar cuando deseamos atraer la abundancia a nuestra vida, es el siguiente:

Salmo 23

El Señor es mi pastor, nada me falta;
En verdes pastos me hace descansar.
Junto a tranquilas aguas me conduce;
Me infunde nuevas fuerzas.

Me guía por sendas de justicia
Por amor a su nombre.
Aun si voy por valles tenebrosos,
No temo peligro alguno
Porque tú estás a mi lado;
Tu vara de pastor me reconforta.
Dispones ante mí un banquete
En presencia de mis enemigos.
Haz ungido con perfume mi cabeza;
Haz llenado mi copa a rebosar.
La bondad y el amor me seguirán
Todos los días de mi vida;
Y en la casa del Señor
Habitaré para siempre.

La luz del Arcángel Uriel y los ángeles de la abundancia

Para atraer la energía del Arcángel Uriel y de los ángeles que sirven a este rayo, manifestar el dinero, la abundancia y el suministro en nuestra vida, puedes seguir las siguientes recomendaciones:

1) **Estar alegres.** La alegría es un imán que atrae todas las bendiciones del cielo. Hay muchas personas que están continuamente deprimidas, esta tristeza es como negarse a recibir las dádivas divinas. Cada vez que te sientas triste, descorazonado y sin motivación, concéntrate en tu propia divinidad, estarás elevando tus sentimientos y pensamientos.

2) Ser agradecidos. Muchas personas no alcanzan la prosperidad porque no desean o no saben expresar gratitud.

> *«Si la única oración que dices en toda tu vida es gracias, con eso basta».* Meister Eckhart

Debemos construir el hábito de agradecer y bendecir nuestros bienes materiales y cada objeto, situación o persona que entre en contacto con nosotros todos los días. Las alabanzas y las bendiciones tienen el poder de producir cambios. *«Todo aquello que alabamos se multiplica».* *«Aumentamos todo aquello que alabamos».*

Salmos de alabanzas

Salmo 117: 1-2
¡Alabad al Señor, naciones todas!
¡Pueblos todos cántenle alabanzas! ¡Grande es su amor por nosotros! ¡La felicidad del Señor es eterna!

Salmo 150: 1-6
¡Aleluya! ¡Alabado sea el Señor! Alaben a Dios en su santuario, alábenlo en su poderoso firmamento.
Alábenlo por sus proezas, alábenlo por su inmensa grandeza.
Alábenlo con sonido de trompeta, alábenlo con el arpa y la lira. Alábenlo con panderos y danzas, alábenlo con

cuerdas y flautas. Alábenlo con címbalos sonoros,
alábenlo con címbalos de resonantes.
¡Que todo lo que respira alabe al Señor!
¡Aleluya! ¡Alabado sea el Señor!

No des por hechas tus bendiciones. Comienza ahora mismo a hablar de abundancia, a pensar sólo en abundancia, y a dar las gracias por la abundancia. Si sintonizas tu mente con pensamientos de opulencia prosperarás aunque el país este en recesión, los bancos cierren sus puertas o suba el precio de la gasolina. La prosperidad viene del interior, no de los sucesos externos. Tus pensamientos pueden traerte abundancia o bien ahuyentarla, sin importar los esfuerzos que hagas para atraerla. Puedes darle un giro negativo a todo lo que tienes si no estás agradecido de tenerlo. Pero también puedes esperar prosperidad si comienzas a cumplir con la ley dando las gracias por todas las bendiciones que recibas.

3) Soltar el resultado

No debemos estar apegados al resultado de las cosas, ni a los bienes o personas. Según el maestro Buda es el deseo lo que genera el sufrimiento, pero él se refería al deseo «sin control». De allí que debemos desear ante todo el progreso, estar agradecidos por las bendiciones de esta vida y dar cumplimiento a nuestra misión de vida sin apegarnos al resultado específico. Debemos estar abiertos a otras posibilidades y situaciones porque todo ocurre para nuestro bien y en orden divino.

4) Necesidad de perdonar

Para tener una vida abundante debemos perdonarnos a nosotros mismos y a los demás. Resulta beneficioso y totalmente liberador para comenzar nuestra tarea espiritual soltar todas nuestras cargas emocionales. Podemos hacerlo a través de mantras, decretos y afirmaciones. Invocar la energía de los Ángeles para que nos asistan y lleven consigo las memorias dolorosas y los rencores de nuestra alma. Cuando no podemos pedir perdón ni recibirlo estamos cerrándonos al amor de Dios. Abre tu corazón y perdónate, levántate, sigue adelante y verás que te sentirás mucho más liviano.

5) Meditar y Visualizar

La meditación y el uso de la visualización es esencial para cumplir nuestra misión de vida y manifestar lo que deseemos. Si visualizamos en nuestra mente una idea perfecta de lo que queremos, esa imagen funciona como un imán que magnetiza todas las ideas creativas del espíritu para que se manifiesten en el mundo físico.

Decidimos lo que queremos cambiar, y lo envolvemos en el rayo dorado-rubí del Arcángel Uriel y sus Ángeles de la Prosperidad. Ellos nos ayudarán a crear la imagen física de nuestros deseos de acuerdo con el formato divino de perfección que sólo ellos conocen. Dada su condición de criaturas divinas, todo lo que piensen o registren en su infinita inteligencia descenderá a nosotros desde las manos mismas del Creador.

6) Cumplir con la Ley del Diezmo

Cuando tenemos problemas económicos seguramente es porque no estamos dando cumplimiento con la Ley del Diezmo. El diezmo literalmente significa una décima parte de algo. Debemos entregar a Dios el diezmo de nuestra energía, tiempo, capacidades y dinero.

Esta ley se basa en el principio fundamental que señala: pertenecemos a Dios y como lo reconocemos le entregamos un diez por ciento de lo que somos, incluyendo nuestras finanzas y Él las devolverá cien por cien. Los ángeles del rayo dorado-rubí, te aseguran que si das siempre primero el diezmo y luego pagas el resto de las facturas descubrirás cómo fácilmente podrás cubrir todo lo demás. Por el contrario, si esperas a ver cuánto te resta luego de cumplir tus obligaciones y compromisos no tendrás para darle su parte a Dios. Recuerda «Dios es el dueño y el hombre el administrador».

El diezmo se entregará a la obra de Dios en la Tierra. Debe darse con gratitud y siempre recibirás más, porque el diezmo es el lazo que nos une con el espíritu. Indica una alianza muy antigua entre Dios y el hombre.

7) Mantener el criterio de abundancia en tu hogar

La prosperidad comienza por tu casa. Pide a los ángeles del rayo dorado-rubí que derramen sobre tu hogar todas sus bendiciones, lo que tú puedes es retribuirles con tus propios sentimientos de amor, compasión, fe, etc. Llena tu hogar de armonía, evita las peleas, los conflictos. Coloca muchas plantas que mantengan el equilibrio y la energía clara, las flores también dan alegría a tu hogar, escoge las de tu preferencia. También las mascotas alegran tu vida y las vibraciones que emiten cuando son queridas, cuidadas y bien tratadas también son excelentes. Acostúmbrate a pensar en abundancia, creer en la abundancia, hablar de abundancia y eso recibirás.

8) Escribir a los ángeles

Toma el hábito de escribirle cartas a los ángeles, comunícate con ellos de la misma forma en que lo harías con tus amigos. Escribe tus sentimientos más profundos, tus sueños imposibles, los anhelos del corazón. Tus deseos de realización a nivel del alma, tus metas educativas, tus expectativas espirituales y materiales y el servicio que deseas prestarle a Dios. Esta lista puedes reescribirla y ajustarla de acuerdo a como se vayan desarrollando los acontecimientos y también si tus aspiraciones van cambiando, así que actualízala de vez en cuando.

Cuando esté lista tu carta, puedes colocarla en un recipiente de metal y quemarla, los ángeles recibirán tus peticiones y anhelos y se los entregarán directamente a Dios quien en su debido momento lo manifestará. Recuerda: *nuestro tiempo como hombres no es el mismo tiempo de Dios y todo nos es dado en la medida en que esté de acuerdo con la voluntad del Padre.*

El Regalo del Perdón

*Lejos de lo que muchos piensan, perdonar no es
un regalo para quien necesita ser perdonado, al contrario
es el regalo divino de quien sabe perdonar, pues limpiará
su alma de sentimientos innobles, soltará las cargas que
lleva a sus espaldas y quedará libre de la rueda del karma.
La Parábola del hijo pródigo es una gran
enseñanza sobre el perdón y el amor.*

La Parábola del Hijo Pródigo
Lucas 15:11-32

«Un hombre tenía dos hijos -continuo Jesús- el menor de
ellos dijo al Padre: «*Papá, dame lo que me toca de la herencia*»
. Así que el padre repartió sus bienes entre los dos.
Pocos después, el hijo menor junto todo lo que tenía
y se fue a un país lejano; allí vivió
desenfrenadamente y derrochó su herencia.
Cuando ya lo había gastado todo, sobrevino una gran
escasez en la región, y el comenzó a pasar necesidad. Así
que fue y consiguió empleo con un ciudadano de aquel país,
quien lo mando a sus campos a cuidar cerdos.
Tanta hambre tenía que hubiera querido llenarse el
estómago con la comida que daban a los cerdos, pero aun
así nadie le daba nada. Por fin recapacitó y se dijo: ¡Cuántos
jornaleros de mi padre tienen comida de sobra, y yo aquí me
muero de hambre! Tengo que volver a mi padre y decirle:
«*Papá he pecado contra el cielo y contra ti. Ya no merezco que se me
llame tu hijo; trátame como si fuera uno de tus jornaleros*».

Así que emprendió el viaje y se fue a su padre.

Todavía estaba lejos cuando su padre lo vio y se compadeció de él; salió corriendo a su encuentro, lo abrazó y lo besó. El joven le dijo: Papá, he pecado contra el cielo y contra ti. Ya no merezco que se me llame tu hijo.

Pero el padre ordenó a sus siervos: ¡Pronto! Traigan la mejor ropa para vestirlo. Pónganle también un anillo en el dedo y sandalias en los pies. Traigan el ternero más gordo y mátenlo para celebrar un banquete. Porque este hijo mío estaba muerto pero ahora ha vuelto a la vida; se había perdido pero ya lo hemos encontrado.

Así que empezaron a hacer la fiesta.

Mientras tanto el hijo mayor estaba en el campo.

Al volver, cuando se acercó a la casa, oyó la música del baile. Entonces llamó a uno de los siervos y le preguntó qué pasaba. Ha llegado tu hermano -le respondió-, y tu papá ha matado al ternero más gordo porque ha recobrado a su hijo sano y salvo. Indignado, el hermano mayor se negó a entrar hasta que su padre salió a suplicarle que lo hiciera. Pero él le contestó: ¡Fíjate cuántos años te he servido sin desobedecer jamás tus órdenes, y ni un cabrito me has dado para celebrar una fiesta con mis amigos! ¡Pero ahora llega este hijo tuyo, que ha despilfarrado tu fortuna con prostitutas y tú mandas a matar en su honor el ternero más gordo!

Hijo mío -le dijo su padre- tú siempre estás conmigo, y todo lo que tengo es tuyo. Pero teníamos que hacer fiesta y alegrarnos, porque este hermano tuyo estaba muerto, pero ahora ha vuelto a la vida; se había perdido, pero ya lo hemos encontrado.

Obstáculos a la abundancia y al suministro

Así como existen recomendaciones para atraer la abundancia y la prosperidad a nuestra vida, debemos estar atentos a los errores que obstaculizan nuestro camino a la prosperidad. Los más comunes son:

1) Desarmonía en el mundo de los sentimientos: Es importante mantenernos en equilibrio y armonía, permitiendo que todo fluya sin bloqueos.

2) Sensación de soledad o abandono: Estos sentimientos nos alejan del bienestar y la abundancia.

3) Sensación de pequeñez o inseguridad y de duda: El miedo, temor o inseguridad nos alejan de recibir los regalos celestiales.

4) Dejar para mañana lo que podemos hacer hoy: Es la postergación y la inacción. Si esta cualidad negativa está presente en tu vida comienza a tomar acciones ¡YA! para el logro de tus metas. Aquí pueden incluirse, el letargo, la pereza, la inercia.

5) La Preocupación: Es la mejor forma de bloquear el suministro. En el momento en que comenzamos a preocuparnos nos sintonizamos con millones de personas que están haciendo lo mismo. Sin darnos cuenta estaremos descendiendo y descendiendo nuestra vibración. Uno de los más grandes secretos es sintonizarnos con pensamientos positivos y esto se logra teniendo sólo los pensamientos correctos. Hay que aprender a sentir que necesitemos lo que necesitemos nos será dado.

Los ángeles de la abundancia y del suministro estarán a tu disposición cuando los necesites, pero debes tener confianza en ti mismo, creer en ti, en tus posibilidades y dedicarle a Dios toda tu obra. Hay un poder infinito dentro de ti, naciste para ser próspero, para triunfar, para tener éxito en lo que hagas, da lo mejor de ti y los frutos los cosecharás. «Entrega amor a tu prójimo, déjale tus negocios a Dios, confía en tus capacidades y prepárate para recibir los bienes celestiales, todas las puertas de la abundancia se abrirán ante tus ojos».

La vida abundante consiste en tener conciencia de libertad y de dicha en el corazón de Dios, que resulta no sólo de reconocer nuestras limitaciones en forma de miedo, ansiedad y otros rasgos negativos, sino también de una adecuada visualización de nuestros deseos.
Podemos precipitar todo aquello que deseamos si con sinceridad intentamos eliminar de nuestro mundo todos esos rasgos negativos sustituyéndolos por cualidades positivas.
Este es un secreto ineludible de prosperidad.
Ha quedado demostrado que la prosperidad surge del interior.
Lo que nos hace prosperar es la conciencia de abundancia, no lo que suceda fuera de nosotros. Es la creencia de que todo es posible porque «Para Dios todo es posible».

Debemos recordar siempre que «Dios es el Hacedor». Tener absoluta fe y confianza en que todas nuestras necesidades serán cubiertas, que Dios conoce nuestros deseos y que, a su debido tiempo, estos llegarán a nosotros de acuerdo con la voluntad del Padre.

Uno de los secretos de abundancia es: aprender a contemplar a Dios en tu prójimo. En el momento en que dejemos de percibir al prójimo como un extraño y comprendamos que todos somos uno, la luz del suministro comenzará a ser derramada sobre nosotros.

Afirmaciones de abundancia

«Yo bendigo este dinero para mi bien y el de todos»
«La abundancia llega a mí constantemente porque soy próspero»
«El dinero llega a mí fácilmente»
«Confío plenamente en la abundancia divina»
«Soy merecedor de todo lo bueno que tiene mi Padre para mí»
«Dios bendice mis bienes espirituales y materiales siempre»
«Los Ángeles de la Abundancia y el Suministro rodean mi vida,
trayendo consigo alegría, dinero, armonía y dicha».

Testimonios

Carlos Suárez- Estados Unidos 2008

Carlos es un hombre fascinante, de grandes experiencias y con muchas cosas que contar. Tenía una imaginación increíble, era capaz de recrear en su mente el mínimo detalle de cualquier escenario que le pedía en sus sesiones de trabajo personal (utilizamos meditación e hipnosis). El motivo de su consulta era que a pesar de ser un hombre de fe, positivo y de mucha fuerza mental, en los últimos cuatro años de su vida se le habían presentado problemas financieros y económicos muy fuertes. Hasta el punto que había tenido que vender sus propiedades, su empresa y hasta su carro. Él no se explicaba qué estaba sucediendo y aunque no perdía la esperanza se sentía abandonado en un mundo que no le retribuía lo que él estaba entregando, pues se consideraba un hombre noble, buen amigo y siempre dispuesto a colaborar en todo lo que se le pedía.

Carlos comenzó a trabajar espiritualmente con el Arcángel Uriel y los Ángeles de la Abundancia y el Suministro. Practicaba su meditación diaria, sus invocaciones y comenzamos a reprogramar su mente con pensamientos de abundancia. Cuando iba a sus reuniones de negocios se envolvía en su manto de luz verde y dorado-rubí, armonizaba sus pensamientos, sentimientos y acciones y salía de sus reuniones confiado y tranquilo.

Algo comenzó a suceder en su vida, el cambio se estaba generando. Al cabo de cuatro meses Carlos logró cerrar un negocio que representaba para él años de tranquilidad, y todo ocurrió activando la energía del Arcángel Rafael y las legiones del rayo verde en su vida.

Gabriela Sánchez - Puerto Rico

Gabriela vivía en Puerto Rico antes de venir a los Estados Unidos. Pero en su trabajo había tenido muchos problemas y la despidieron. Gabriela tiene dos hijos adolescentes y vivía 'al día'. Pensaba que la vida no era justa con ella. Se había esforzado mucho para estudiar y educar a sus hijos para ahora quedarse sin trabajo y enfrentar esa situación.

Durante cuatro meses estuvo sin trabajo. Un día desesperada iba en el autobús a su casa cuando una señora le hablo del Arcángel Uriel y de cómo ayudaba a las personas a conseguir empleo. A partir de ese día, Gabriela empezó a pedirle asistencia a Uriel y a hablarle. 'Arcángel Uriel ayúdame a conseguir el trabajo que siempre he querido'.

Un mes después, una compañera de trabajo de Gabriela la llamó para comentarle que iban abrir una compañía del ramo de la competencia y que enviara su hoja de vida. Ella inmediatamente mandó sus papeles. Gabriela obtuvo el empleo y gracias a sus años de experiencia le dieron un buen puesto. Ella asegura que fue el Arcángel Uriel el que la ayudó a salir de ese atolladero donde se encontraba.

Oración a los ángeles de la abundancia

Amados Ángeles de la Abundancia, todas las noches mientras duermo, tomen mi alma y llévenme consigo a su templo de luz, para que me impregnen de su rayo verde, dorado y blanco del suministro de dinero, de todo lo bueno para mí y la gracia divina celestial. Ángeles que administran y distribuyen las dádivas divinas, ayúdenme a entrar en contacto con todos los canales, ideas o medios que pueden magnetizar más dinero a mi vida a través del amor divino. Envío el amor divino a todos los electrones, átomos y moléculas que conforman la energía del dinero. Les pido amados Ángeles que penetren mi campo aúrico y hagan realidad la magia de este rayo en mí. Atrayendo sólo lo bueno, lo perfecto y lo que por ley divina me corresponde. Estoy abierto a recibir con los brazos extendidos toda la magnificencia del amor de Dios. Amén

Invocación al Arcángel Uriel para la guía Divina

Amados Ángeles de la guía divina, envuélvanme en su luz
Ayúdenme a soltar todas las experiencias del pasado
Conectándome con la mente pura de Dios
En una total y absoluta fusión
Pido su guía en el proceso de hacer dinero
En concordancia y congruencia con los anhelos de mi alma
Pido entrar en contacto con las almas de las personas
Que pueden ayudarme en el camino de mi liberación financiera
Y la prosperidad de mi familia
Todo esto en equilibrio con el amor que fluye dentro de mi corazón.
Pido ser guiado por Dios y sólo por Dios
Porque ese es el secreto de todas las empresas
Confiar en mí mismo pero primeramente en el Creador
Dios es mi guía infalible. Dios es el hacedor. Amén.

Paz y Armonía

La Paz y la Armonía con la Luz de los Ángeles

«La paz nace en el corazón. Es un estado de quietud y de equilibrio difícil de expresar con palabras pues es la plenitud en toda su extensión»

Cuando deseamos iniciar el camino de la paz y la armonía debemos comenzar por un viaje interior que nos llevará al reencuentro con nuestros verdaderos anhelos. Controlar nuestros pensamientos y cesar la primera guerra que enfrentamos cotidianamente: «La guerra con nosotros mismos». Nos molestamos cuando nos equivocamos, nos resentimos por nuestras debilidades; nos resistimos a hacer realidad nuestras aspiraciones más elevadas.

Diariamente, somos acosados por cientos de pensamientos, la mayoría de ellos en contra de nuestro propio equilibrio y bienestar. Los demás también nos invaden con sus preocupaciones y propias tensiones. Entonces, somos un manojo de pensamientos sin destino y sin orden. El primordial mensaje angelical es que vivamos desde el corazón pero con el pensamiento controlado y ordenado. «Ordenados los pensamientos y las emociones». Los ángeles anhelan que nuestra fuerza interior nazca tanto de la fe como del cocimiento que deviene del pensamiento profundo. Una actuación moderada y calmada que proviene por instinto del corazón, pero que nace del pensamiento sabio y correcto.

La lección no es sencilla, pero nadie ha dicho que lo sería. Transitar por el camino espiritual impone pruebas, desafíos, obstáculos, caídas, pero también requiere del coraje, la valentía y la fortaleza para levantarse, crecer, y seguir adelante. Pero, no con rabia o resentimiento por lo que nos ha tocado vivir, ni con quejas, ni odios, o cerrando el corazón como ocurre en la mayoría de los casos. Muchas personas, para protegerse, construyen una inmensa muralla en su corazón que los aleja y separa de las demás personas.

Hay que levantarse y sostenerse en la fe, con esperanza y seguridad. La paz interior es un estado de bienestar emocional y espiritual que se logra cuando somos capaces de aquietar nuestra mente y desconectarnos de pensamientos inquietantes, inútiles o amenazantes, comprendiendo en su totalidad la plenitud del ser.

Cuando tenemos paz interior sabemos que todo está bien, es un estado que nos permite confiar en la sabiduría universal. Nos ayuda a creer en Dios y su poder infinito sabiendo que todo está en equilibrio y orden, bajo el control del que todo lo puede. La paz se consigue cuando nos desvinculamos mental, emocional y espiritualmente, (y hasta a veces físicamente) del ruido exterior. La manera de alcanzarla es convertirse en observador y meditar sobre lo que estamos viviendo, entendiendo que la realidad es una percepción muy personal De allí que cambiando nuestras percepciones podremos cambiar nuestra realidad.

Es en este estado de paz que podemos recibir la guía de los Ángeles de la Armonía. Recibir la luz del Arcángel Zadquiel y de sus legiones de Ángeles que anhelan liberarnos de todas nuestras tensiones y dolores del pasado.

La paz interior la vivimos cuando vemos los problemas «desde arriba», es como salirse del conflicto y mirar desde afuera. Si nos centramos en el problema, si sólo pensamos en ello; si seguimos una línea igual de pensamiento, seguiremos generando exactamente lo mismo. Debemos trascender el problema, dejando las preocupaciones y la tristeza a un lado.

El camino de la paz interior requiere nuestro compromiso personal. Pídele a los ángeles que te acompañen en esta tarea día a día. Este es un logro diario, mantener un «estado del ser cada día». Al principio, constituirá un reto para ti, con el tiempo será una hermosa manera de vivir y compartir con los demás.

La meditación, como ya lo hemos señalado, enfoca nuestra atención en el presente. Es el medio efectivo para alcanzar la paz y la armonía. De modo que declaramos una tregua personal, escogemos un camino de paz interior y comenzamos a trabajar el perdón y la liberación de todo lo externo. Somos dueños de nuestro libre albedrío y responsables absolutos de nuestra vida y sus resultados.

Dejamos de trasladar a los demás la responsabilidad de lo que nos ocurre. Somos los directores de la obra que es nuestra propia vida. Nos tomamos un tiempo de quietud. Con la práctica conciente de vivir el presente y dejar atrás las ataduras que nos consumen (obligaciones, preocupaciones, malestares, rencores, etc.), nos volvemos centrados y serenos. Nuestra energía emocional y espiritual se equilibra y nos sentimos renovados, limpios y estables. Esta serenidad interior es el fundamento de la paz y la armonía.

Al avanzar en el camino espiritual, pasamos a convertirnos en verdaderos pacifistas comenzando por nuestra paz interior, para luego comprender la sabiduría del total, de la unidad, del todo. La paz interior puede cambiar el mundo si la encontramos primero cada uno de nosotros.

La Luz de Zadquiel y los ángeles del perdón

La luz violeta es la del color de mayor vibración. Ayuda a olvidar los recuerdos negativos, por muy difícil que esto nos parezca. El Arcángel Zadquiel nos puede ayudar a borrar las heridas del pasado, a perdonarnos y perdonar a los demás. Esto nos brinda la oportunidad de mantener un estado de equilibrio y paz interior.

Los ángeles de este rayo proporcionan a nuestra alma libertad, alegría y realización. Nos liberan del pasado, apoyándonos para vencer los malos hábitos. Cuando intervienen, pueden vencer a toda la energía mal empleada transformándola en energía positiva. También nos puede ayudar a purificar el cuerpo físico de los residuos de drogas, pesticidas, y otros agentes químicos que pueden dañar el cuerpo. Algunos maestros espirituales señalan que la luz violeta es como un borrador potente de todo lo negativo o residuo de desequilibrio en nuestra vida.

El Arcángel Zadquiel junto con sus huestes angelicales puede liberarte también de enfermedades, estrechez, temor y limitaciones de cualquier índole. Su rayo púrpura o violeta también tiene la cualidad de acelerar los acontecimientos y de generar cambios en tu vida. Si deseas hacer cambios concretos visualiza esta luz violeta rodeando las personas, las situaciones o las cosas, y verás sorprendentemente como funciona.

Testimonios
Michelle Brown - Estado Unidos, 2007

Michelle nació en una familia irlandesa. Se mudó con su familia a Cañada cuando aún era pequeña, pero recuerda muy bien cómo su padre se volvió alcohólico y agredía a su madre física y psicológicamente. Nunca la golpeó a ella ni a su hermana. Sin embargo, ella creció con un profundo rencor hacia su padre y nunca lo perdonó.

Michelle me contactó para unas sesiones de aceptación y liberación. Quería soltar tanta rabia y ser feliz, pues se había casado, tenía dos hijos y sentía que no podía ser completamente libre ni disfrutar de su familia porque tenía mucha rabia aún en su corazón.

Iniciamos un tratamiento de merecimiento. Ella, que era creyente de los ángeles, solicitó también una terapia de contacto angelical.

La oración de San Francisco de Asís

Hazme un instrumento de tu paz
Donde hay odio, déjame sembrar amor
Donde haya ofensa, perdón
Donde haya desesperación, esperanza
Donde haya oscuridad, luz, y
Donde haya tristeza, alegría.
Oh, maestro divino
Concédeme que no busque tanto
Ser consolado como consolar
Ser comprendido como comprender,
Ser amado como amar,
Porque es al dar que recibimos,
Es al perdonar que somos perdonados,
Y es al morir que nacemos a la vida eterna.

Comenzó a trabajar con oraciones y luz violeta para poder perdonar a su padre y soltar verdaderamente todas las heridas de su alma.

A los tres meses, volvió a su sesión y señaló: «En realidad uno no puede creer que estas cosas funcionen pero la luz violeta y mis visualizaciones me ayudaron muchísimo. Soy otra, porque siento que he podido perdonar y olvidar todo el daño que le hicieron a mi mamá. Yo estoy sorprendida, porque he leído muchos libros de autoayuda, he realizado ejercicios que hablan del perdón y nada me había funcionado antes. Es como un milagro.»

Alfonso Fuenmayor - México 1999

Alfonso es diseñador gráfico. En su juventud cayó en las drogas, por lo cual ha vivido muchas situaciones difíciles. Su vida transcurría entre periodos de tranquilidad y episodios de consumo. Estaba totalmente fuera de control cuando llegó a mis sesiones. Él no era espiritual y pensaba que su mamá (que lo había traído) era una tonta por «creer en estas cosas».

Comenzamos a trabajar con reprogramación mental e hipnosis. A medida que íbamos avanzando el sentía curiosidad por saber cómo un pensamiento negativo puede ser sustituido por pensamientos elevados y cambiarse el patrón negativo.

Alfonso durante el día controlaba sus pensamientos y trabajaba con sus afirmaciones pero en las noches tenía pesadillas terribles. Vivía nervioso, con miedo y sólo superaba estos temores bajo la sustancia que consumía.

A lo largo de su tratamiento tuvo varias recaídas. Paralelamente estaba asistiendo a un clínica de rehabilitación, salía y entraba de allí varias veces en un lapso de un año.

En una conversación, reveló que en sus sueños veía unas sombras que intentaban hacerle daño. Yo empecé a hablar de los ángeles caídos y de cómo arrastran a las almas de mayor debilidad hacia las adicciones. En un momento me dijo: «Creo que deberíamos intentar trabajar también con los ángeles». Se le había despertado la fe.

Y así lo hicimos, en las últimas sesiones él ya había entregado su problema a Dios. Creía que los ángeles lo habían ayudado por la fuerza de voluntad que había desarrollado. Se había mejorado y dejó de consumir. Actualmente trabaja en la televisión, está felizmente casado y estable emocionalmente. Lo peor ya ha pasado.

Invocación al Arcángel Zadquiel

Amado Arcángel Zadquiel
Ayúdame a recuperar mi equilibrio interior,
a mantener la calma ante el odio,
La paz ante la guerra
La Luz ante la oscuridad.
Deseo ser un vehículo de tu luz violeta,
Enséñame a comprender tus señales
Para saber que voy en el camino correcto
Sin temor a equivocarme.

Guíame que yo te seguiré,
Enséñame aceptar la rueda de la vida y del karma
A comprender que todo lo que se presenta en mi vida
Tiene una justificación, una razón profunda de ser

Porque se están obedeciendo órdenes superiores
Que yo no puedo comprender
Instruye mi alma para que pueda aceptar
Que cada persona con la que me enfrento es
Un reflejo de mí y que trae tras de sí;
Una gran enseñanza de sabiduría y compasión.

Enséñame a vivir en la luz de Dios
Todos los días de mi vida
Protegida ante la duda y la adversidad
Por la perfección de tus ojos
Y las perlas de tu sabiduría.

Ayúdame a vivir el perdón desde adentro,
A olvidar los desencantos y los dolores del cuerpo físico
Perdidos en el abismo del tiempo y ya
no recordados por mi mente.

Libera mi alma de todas las deudas y
ayúdame a construir un puente de comunicación con Dios
Resguardándome de mis enemigos
Y siempre enaltecida en su más sagrado nombre.

Amén

TERCERA
PARTE

El camino a la Iluminación en compañía de los ángeles

El camino a la Iluminación en compañía de los ángeles

En esta época de elevación espiritual, los ángeles nos muestran un sendero hacia la iluminación, anhelan poder entrar en contacto con cada uno de nosotros, esperan que los escuchemos y que les prestemos atención a sus mensajes o consejos; los cuales llegan a nosotros por distintas vías, una de ellas, es cuando los invocamos o nos encontramos en meditación.

En la profunda quietud de nuestro cuerpo y de nuestra mente podemos acceder a la iluminación. Los seres de luz buscan ese espacio para contactarnos, y así se inicia un diálogo interno con nuestra alma, enseñándonos a vivir cada día desde el corazón pero también con el pensamiento ordenado. Debemos aprender a abrir nuestro corazón para ver, pensar, sentir y actuar siempre desde el amor.

La iluminación es un estado del Ser. Es cuando nos encontramos en total armonía y plenitud con nosotros mismos, llegando a conocernos y a trascender de la separación, fluyendo conjuntamente con la sabiduría universal. Para el hinduismo la iluminación «es darse cuenta de que estamos unidos a la divinidad, y por lo tanto, a toda su creación».

Descubrimos en este viaje del autoconocimiento nuestra esencia, nuestras verdades, y los ángeles nos tienden la mano durante todo el recorrido. Es en estado meditativo que podemos acceder a la fuente suprema de toda vida, a Dios, sintiendo una verdadera paz y armonía.

La importancia de la meditación

«La meditación armoniza la mente y el cuerpo creando un estado de equilibrio y paz interior».

¿Qué es meditar?

Es aprender a silenciar el ruido exterior a través de la relajación del cuerpo y la quietud de la mente. Esto nos ayuda a controlar el estrés, las tensiones y las ansiedades en nuestra vida diaria. Cuando soltamos todas estas cargas emocionales percibimos con mayor claridad nuestro entorno. Existen muchas formas de practicar la meditación, podemos mencionar la meditación concentrativa, conciente, reflexiva, dinámica, la centrada en el corazón, etc., pero el objetivo es aquietar la mente, escuchar el silencio y fluir conjuntamente con la sincronía del universo. Es acompasar nuestro ritmo natural de respiración con la respiración universal.

Cuando nos sentimos relajados y la mente está serena, penetramos en el campo de la sabiduría interior, vivimos realmente el momento presente con plena conciencia, disminuyendo las tensiones de la vida cotidiana.

Generalmente no respiramos bien, a pesar de que la respiración es uno de los actos naturales del ser humano. No respiramos adecuadamente y puedes intentarlo ahora mismo.

Comienza a respirar lenta y suavemente, inhalando y exhalando en un ritmo pausado pero profundo... ¿Lo conseguiste sin hacer un esfuerzo conciente? Sigue respirando de forma profunda y pausada hasta que tu respiración siga el ritmo natural de tu cuerpo.

Centra tu atención en tu respiración. Cuando tu mente se distraiga vuelve a centrarte en tu respiración pero sin crear tensión alguna, manteniendo la calma en todo tu ser. ¿Cómo te sientes?

Cuando respiramos bien estamos llenando nuestro ser de la energía creadora, conectándonos con la vida. Entonces vuelve a preguntarte: ¿Estás respirando adecuadamente?

Ejercicio sencillo de respiración

*Con el dedo índice cierra el orificio nasal izquierdo y
luego el derecho. Sigue estas indicaciones:
Inspira por el derecho y espira por el izquierdo.
Inspira por el izquierdo y espira por el derecho.
Inspira por los dos y espira por los dos.
(Repite cada paso tres veces).*

Luego de realizar este ejercicio lo más probable es que tengas una sensación de bienestar y de mayor vitalidad.

Recomendaciones para iniciar tu meditación

1 - Prepara tu espacio:

Debes buscar un espacio que sea para ti. Puede ser una habitación o un rincón de tu casa. Arréglalo a tu gusto, puedes poner incienso, velitas, y objetos que te produzcan sensación de paz. Este será tu espacio de recogimiento y meditación.

2 - Construye tu altar:

Tu altar es un lugar de sosiego y conexión con los ángeles. Puedes colocar flores, piedras y velas. La idea es que conjugues los cuatro elementos fuego, aire, agua y tierra. Este será tu lugar de comunicación con el reino angelical.

3 - Conéctate con tu cuerpo:

Toma conciencia de tu cuerpo. Puedes hacer algunos ejercicios de estiramiento que te ayudarán a soltar las tensiones de tu cuerpo físico y a mover tu energía

4 - Busca una posición cómoda:

Puedes estar sentado o acostado, lo importante es encontrar una posición que funcione para ti.

5 - Inicia tu relajación conciente:

Debe haber un equilibrio entre tu estado de relajación y tu estado de conciencia presente. Es estar relajado pero despierto. Disfruta de tu «estado del ser».

6 - Invita a los ángeles:

Dale la bienvenida a los ángeles, invítalos a acompañarte en tu experiencia. En este libro encontrarás oraciones e invocaciones que te ayudaran durante tu meditación a contactar con el reino angelical.

7 - Crea el hábito:

Debes crear el hábito en tu vida de tomar por lo menos treinta minutos al día para esta práctica. Las horas más propicias para meditar son en la mañana (al amanecer) y en la tarde (al atardecer), pues aprovechamos las energía universal de ese momento.

El estado del Ser Consciente

Ser concientes es vivir en el aquí y en el ahora. Es vivir el presente liberándonos del pasado y del futuro, comprendiendo que la vida es «este momento y nada más».

Centrarse en el aquí y ahora implica detener el diálogo interno, el fluir constante de pensamientos (generalmente negativos y cargados de preocupación) que ocupan nuestra mente la mayor parte del tiempo. Muchas veces actuamos de forma mecánica (por ejemplo, manejar, lavar los platos, etc.) y esto sucede porque nuestra mente está divagando en otros pensamientos incontroladamente.

Cuando no estamos centrados en el aquí y ahora, nuestra energía se dispersa, se pierde; y nosotros nos desconectamos del fluir Universal. Centrarse en el aquí y el ahora mismo es «estar en el punto cósmico del presente y convertirlo en un momento eterno». Muchos hemos vivido momentos sublimes. Los ángeles derraman estas sensaciones de éxtasis sobre nosotros inspirando ese momento con una idea brillante, con un amor absoluto donde todo en el mundo exterior parece desaparecer.

Al enamorarnos, los ángeles nos invaden con su rayo de luz rosada y pensamos que el tiempo se detiene. Otro momento donde se experimentan sensaciones de éxtasis es cuando se alcanza o supera una meta en la práctica de un deporte. Pídeles a los ángeles que te ayuden a lograr tus objetivos y así podrás acceder a otros niveles de conciencia.

Los artistas experimentan estas sensaciones cuando son inspirados por esa gran fuente de sabiduría, cuando se crea música, o cuando desarrollamos las cualidades positivas de nuestro ser, estamos teniendo una vida conciente.

También cuando contemplamos la belleza de una flor, cuando estamos en contacto con la naturaleza, cuando vemos un hermoso paisaje, es ahí, en ese lugar, donde están los ángeles, y quedamos embelesados con las maravillas de la creación.

Los ángeles pueden ayudarnos a mantener este estado de plenitud en el que sentimos que todo está en perfecta armonía. Entonces inicia tu viaje a la iluminación y desarrolla tu intuición, así te estarás acercando a ese estado de vivir en plena conciencia. Pero sólo podremos acceder a esto practicándolo.

Beneficios de la meditación

La meditación nos puede llevar a este «Estado del Ser» y nos brinda los siguientes beneficios:

- Nos ayuda a concentrarnos y enfocarnos.
- Aumenta la claridad mental.
- Mejora nuestra comunicación.
- Aumenta nuestros niveles de autoconfianza.
- Controla el estrés y el pensamiento negativo.
- Desarrolla la intuición.
- Nos ayuda a conectarnos con la energía divina de nuestro ser interior.
- Fortalece nuestra fe.
- Aumenta nuestros canales perceptivos para recibir los mensajes angelicales.

En la actualidad se han reconocido los beneficios de su práctica, independientemente de las creencias o religión que se profese, pues en todas las escuelas espirituales la oración y la meditación constituyen los canales para lograr la verdadera paz interior.

El poder de la invocación

Una de las maneras de comunicarnos con Dios y sus ángeles puede ser a través de la oración en un acto de fe y comunión. Las religiones de todo el mundo utilizan sus rituales o ceremonias como gestos de su adoración a Dios.

La Liturgia de la iglesia católica es un ejemplo de esto. Orar es comunicarnos con Dios pidiendo su ayuda y protección, así como favores que necesitemos.

Otra manera de comunicarnos con el reino angélico es utilizando el poder de la invocación. Cuando invocamos, impregnamos en nuestra voz el deseo, la intención o el amor divino que sentimos, el cual proyectaremos al mundo físico a través del sonido, dotando a nuestra oración de mayor fuerza.

Podríamos pensar que invocar en voz alta, es orar con mayor fuerza, siguiendo un ritual y manifestando nuestras peticiones.

Repetir, decretar, afirmar también genera una fuerza tanto en nuestro inconciente como en el mundo físico, de allí que tantas tradiciones utilizan mantras, cantos, etc. La religión cristiana usa el rosario, las novenas u otras oraciones que siguen esta línea de repetición.

Cuando se realiza una invocación podemos otorgarle mayor poder si abarcamos otros elementos correspondientes a esa deidad, por ejemplo si vamos a solicitar curación o sanación activamos el rayo verde esmeralda,

Podemos utilizar flores, piedras, música, incienso, etc., ya sabemos que esto crea un ambiente agradable para los ángeles. Se afirma que invocar resulta más poderoso que la oración pues es un ejercicio más dinámico, alegre y claro en la petición, por lo que la respuesta se logra también con mayor rapidez.

Un punto importante a resaltar es que cuando invocamos estamos creando energía en nuestro inconciente que se dirige hacia nuestras metas o sueños, esa energía se transformará en una realidad. Esto quiere decir que estamos delineando nuestro objetivo. De allí, la importancia de visualizar. Cuando la mente tiene una imagen clara de nuestros deseos es mucho más fácil manifestarlos en el mundo físico.

Podríamos también mencionar el ritual de la evocación como una forma de comunicarnos con los ángeles. En la evocación se movilizan tantas energías psíquicas del inconsciente que pedimos al ángel se presente ante nosotros. Existen testimonios de personas que cuentan estas experiencias como algo muy «fuerte e irreal» lo que a veces produce nerviosismo o temor; por la fuerza cósmica con la que se manifiesta. Requiere de mayor voluntad, concentración, poder mental y una poderosa invocación.

La manera más fácil de contactar a los ángeles es con la invocación y podemos ayudarnos con los atributos de cada ángel para darle mayor poder a nuestra intención.

En este libro encontrarás invocaciones que serán muy útiles para ti, pues cada una de ellas ha sido creada para practicarse en función de la zona de la vida que se desea mejorar o cambiar. Recuerda, en todas nuestras actividades los ángeles pueden brindarnos su guía, apoyo y luz.

La Gran Invocación

Desde el punto de luz de la mente de Dios,
Que afluya luz a la mente de los hombre;
Que la luz descienda a la tierra.
Desde el punto de amor en el corazón de Dios,
Que afluya amor a los corazones de los hombres;
Que Cristo retorne a tierra.
Desde el centro donde la voluntad de Dios es conocido,
Que el propósito guíe a las pequeñas
voluntades de los hombres,
El propósito que los maestros conocen y sirven
Desde el centro del así llamado género humano
Se desarrolle el plan de amor y de luz
Y cierre las puertas tras las que el mal reside
Que la luz, el amor y el Poder
Restablezcan el plan en la Tierra
Que las fuerzas de la luz iluminen a la humanidad
Que el espíritu de paz se difunda por el mundo.

Conciba la vida como un todo.
El mundo es un solo hogar.
Todos somos miembros de una gran familia humana.
Nadie es independiente de ese todo.
La Separación es la muerte.
Cultive el amor cósmico. Tenga en cuenta a todos los demás.
Destruya las barreras que separan un ser humano de otro.
Proteja la vida. Proteja los animales.
Vea todas las formas de vida como sagradas.
Entonces este mundo será un remanso de paz.
Sonría a las flores, juegue con las mariposas y los pájaros.
Hable con el arco iris, el viento, las estrellas y el sol.
Entable amistad con sus vecinos, perros, gatos, árboles y flores.
Tendrá una vida larga, rica y plena.
Se dará cuenta de la unidad total de la vida.
Swami Sivananda

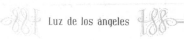

APÉNDICE

Meditaciones y ejercicios

Meditación Guiada

Conociendo a tu ángel de la guarda

Toma una posición cómoda. Siéntate con la espalda recta, las piernas cruzadas en forma de loto o medio-loto. También puedes estar acostada o sentado, como resulte cómodo para ti. Asegúrate de encontrar un lugar en el que no vayas a ser interrumpido por unos 15 minutos. Cierra los ojos.

Realiza tres respiraciones... Inhalando y exhalando lenta y suavemente. Aquieta tu mente, pero no te apresures en hacerlo, trabaja a tu propio ritmo. Si algún pensamiento viene a tu cabeza no lo reprimas, simplemente déjalo pasar. Lo fundamental en una relajación es centrarnos en la respiración. Mientras más profunda sea tu respiración, mayor será tu relajación.

Comienza a disfrutar este momento de paz interior. Siente gozo y alegría. Siente tu campo áurico, el cual se encuentra justo alrededor de tu cuerpo. Visualiza que una Luz se expande y penetra a través de ti.

Y haz la siguiente oración: «*Cierro mi aura y mi puerta astral a toda energía menor a luz divina*».

Seguidamente imagina, visualiza y siente que desde la base de tu columna vertebral emana una luz blanca que desciende por tus piernas, tus pantorrillas y que sale por la planta de tus pies extendiéndose hasta el suelo.

Ahora repite en tu mente: «*Esta luz me conecta con la madre Tierra reconociendo que pertenezco a ella.*»

Después, lleva tu atención nuevamente a tu columna vertebral y visualiza una luz saliendo en forma ascendente, subiendo por tu espalda, tu cuello, tu cabeza elevándose por el chakra de la coronilla (parte superior de tu cabeza) y extendiéndose hacia arriba más allá del techo, hasta llegar al cielo.

Ahora repite en tu mente: «*Esta luz me conecta con la inteligencia divina, soy uno con Dios encontrando la sabiduría.*»

Ahora vas a vislumbrar tu cuerpo cubierto por esa luz blanca y vas a vibrar en esa luz, Ahora que estás lleno de luz, puedes proceder a crear desde tu plano cuántico mental un bello paisaje. Es un lugar que tú has creado. Puede ser una montaña, un jardín o una playa. Es tu elección.

Visualízate en tu cuerpo espiritual y lleno de luz. Observa tus pies pisando terreno firme, nunca flotando. Camina y empápate de esta sensación de alegría, paz y recogimiento.

Mientras caminas, ve adentrándote en tu interior más y más y comienza una cuenta regresiva desde el número 12, es decir 12, 11, 10..., hasta llegar al número uno. Cuando llegues al número 1, vas a encontrarte frente a un espejo. Obsérvate bien. Mírate a los ojos.

Luego cierra los ojos suavemente y siente la presencia angelical detrás de ti...

Ahora vas a preguntar mentalmente siete veces: Amado Ángel Guardián, ¿Cuál es tu nombre?, amado ángel guardián, ¿Cuál es tu nombre?... así sucesivamente hasta llegar a siete. Cuando llegues a siete escucharás el nombre de tu Ángel en un susurro o zumbido. Presta atención.

Cuando hayas percibido el nombre de tu Ángel, habla con él. Toma unos minutos para preguntarle lo que desees, intercambia ideas, sentimientos y emociones con tu hermoso Ángel Guardián.

Antes de regresar por completo al aquí y al ahora, agradécele a los divinos ángeles y seres de luz que permitieron esta comunicación. Agradécele a tu Ángel guardián por este contacto y poco a poco te irás alejando de allí. Y comienzas a contar 1, 2, 3, 4, hasta llegar al número 12 (donde comenzaste).

Vas a realizar tres respiraciones profundas y vas a ir moviendo lentamente tus manos, tus pies, tu cuerpo. Después, abre lentamente los ojos y experimenta la sensación de paz que ha dejado en ti la comunicación con este ser de luz que te ama incondicionalmente.

Meditación Guiada

La alegría del perdón con los ángeles del amor

Asegúrate de encontrar un lugar en el que no vayas a ser interrumpido por unos 15 minutos.

Toma una posición cómoda. Siéntate con la espalda recta, las piernas cruzadas en forma de loto o medio-loto. También puedes estar acostada o sentado como resulte cómodo para ti. Cierra los ojos.

Realiza tres respiraciones... Inhalando y exhalando lenta y suavemente. Aquieta tu mente, pero no te apresures en hacerlo, deja que sea tu propio ritmo el que dirija este ejercicio de meditación. Si algún pensamiento viene a tu mente no la reprimas, simplemente déjalo pasar.

Lo fundamental en una relajación es centrarnos en nuestra respiración. Mientras más profunda sea tu respiración, mayor será tu relajación.

Comienza a disfrutar este momento de paz interior. Siente gozo y alegría.

Siente tu cuerpo, imagina tu campo áurico, el cual se encuentra justo alrededor de tu cuerpo. Visualiza que una luz de color rosado cristal se expande y penetra a través de ti. Son los Ángeles del Amor Divino que te rodean y derraman en tu corazón su bálsamo liberador.

Y comienza a realizar la siguiente oración:

Amados Ángeles del Amor Divino, yo los invoco en este momento para que me acompañen en esta meditación de Perdón, el deseo profundo de mi corazón es disolver de mi vida todo sentimiento de culpa, rabia o resentimiento.

En ese momento los Ángeles del rayo rosado te brindan su amor y compasión. Ellos te llevan a un hermoso bosque, puedes recrear ese lugar en tu imaginación...

Así, te encuentras en un bosque soleado... tu mente puede viajar libremente sin limitarse por el tiempo o el espacio...

En este bosque puedes apreciar el sonido de muchas aves, de los animales, del agua de una cascada que esta muy cerca. Vas acercándote... y puedes escuchar claramente este sonido

Te invade una sensación de bienestar, te agrada el paisaje, te contenta ver tu reflejo radiante en el agua... estás alegre

Una brisa fresca roza tu rostro...

Te deleitas en este momento...

A lo lejos puedes ver un pequeño santuario...

Caminas hasta allí y te sientes protegido, es tu espacio de energía, tu refugio, cuando te sientas agitado podrás regresar a este lugar sagrado...

Abres la puerta y entras...

El santuario tiene las paredes blancas, sus techos son de madera y adentro hay muchas flores...

Comienza a recrear en tu imaginación el interior del santuario, encuentras un altar... visualiza el corredor, las ventanas... y puedes, aun desde adentro, escuchar el sonido de la cascada que calma tu espíritu y tranquiliza tu alma, y te dices:

Ahora voy a relajarme en este hermoso lugar...

me relajo con esta sensación de paz y tranquilidad

Los Ángeles del Amor Divino han dejado para ti en el altar una hermosa carta, en el sobre dice tu nombre en letras mayúsculas, tú la tomas, la abres y comienzas a leerla:

Dices tu nombre (Vas a repetir con tu voz interior las párrafos siguientes):

Yo comienzo a perdonarme, a pedirme perdón....

Me pido perdón por las veces que me hice daño con mis pensamientos

Me pido perdón por los momentos en que deje de darme amor

Me pido perdón por los momentos en que me dije «no te lo mereces»

Hoy me perdono a mi mismo y prometo no volver a hacerme daño.

Inhalación profunda y exhalación de todo dolor, culpa o desesperación....

Ahora, comienzas a visualizar las personas que te han hecho daño o que sentiste que te hicieron daño y te repites en tu mente:

Yo los perdono de todo corazón...

No guardaré resentimiento nunca más...

Yo perdono a todas las personas que me han hecho daño

O que yo sentí que me hicieron daño

Yo los perdono, yo los perdono, yo los perdono

Ahora comienzas a pensar en las personas a las que les has hecho daño., y les pides perdón... y en tu mente dices:
Les pido perdón a todas las personas a las que
les he hecho daño y que he lastimado
Les pido perdón, les pido perdón
No quise hacerles daño
Ahora siento en mi corazón mucha quietud
Mucha tranquilidad
Mucho sosiego

Estás agradecido con los ángeles por haberte entregado el regalo del perdón, por darte la oportunidad de vivir el perdón.

Ahora vuelves a conectarte con el sonido del agua de la cascada... recuerdas que estás en aquel lugar sagrado, en tu santuario que es tu corazón... dejas esa hermosa carta en el sitio donde la encontraste y comienzas a conectarte con tu cuerpo físico...

Inhalación profunda... Exhalación profunda...

Mueve tus manos, mueve tus pies

Comienza a mover tu cuerpo

Abre los ojos, respira suavemente

Sientes mucha calma y quietud

Respiración profunda y te entregas al sonido de la música...

Escucharás las voces de los Angeles diciéndote:
«Que la luz divina del perdón te envuelva con su energía
restauradora y traiga mucha alegría a tu vida».

Meditación Guiada

Descubriendo mi
Misión de Vida

Acostado en una posición cómoda para ti, comenzamos con los ojos suavemente cerrados a realizar respiraciones profundas, cómodas y placenteras

Inhalando, exhalando

Inhalando, exhalando

Inhalando, exhalando

Vas a ir dejando tus pensamientos de lado... fijando tu atención sólo en la respiración...

Al surgir cualquier pensamiento simplemente déjalo pasar, no le prestes atención alguna, déjalo ir

Respiración normal...

Y poco a poco vas a ir soltando las tensiones de tu cuerpo físico...

Con cada respiración siente el aire entrando a tu cuerpo y percibe al exhalar como vas soltándolo

Imagina, visualiza y siente el recorrido del aire dentro de tu cuerpo...

La respiración es una acto natural del ser humano, el aire representa la vida misma... inhalando... exhalando... estás respirando vida... siendo vida

Tres respiraciones profundas

Inhalando... exhalando

Inhalando... exhalando

Inhalando... exhalando

Estoy inhalando luz y exhalando luz

Estoy inhalando luz y exhalando luz

Estoy inhalando luz y exhalando luz

Ahora, siente que a tu alrededor se expande una luz blanca y tú estás respirando esa luz blanca

Imagina, visualiza y siente ese halo de luz blanca entrando por la coronilla de tu cabeza llenando tu cuerpo...

Imagina, visualiza y siente que de tus manos y de tus pies emana esa luz blanca...

Imagina, visualiza y siente que esa luz también brota de tu corazón...

Cada vez que respiras tomas un poco de esa luz y la expandes a través de ti, a tu corazón, cuando escuchas este sonido, imagina y siente que esa luz toca el lugar más recóndito de tu corazón, abriendo y colmando tu ser...

Lleva tus manos al corazón y toma conciencia del ser interior... estás abriendo la cámara secreta de tu corazón, llenándola de luz y expandiendo esa luz...

Porque eres un ser de luz... y dices:

De mi emana sólo luz

Yo estoy recordando quien soy

Yo soy un ser de amor

Yo estoy sintiendo como el amor reina en mi vida

Porque yo merezco amor

Ahora como ser de luz e ilimitado... vas a viajar en el tiempo... la mente nos permite trasladarnos a un espacio de tiempo diferente al presente... así que te observarás dentro de 5 años....

Han pasado cinco años desde el momento en que iniciamos este ejercicio y tú te observas...

¿Dónde estás?....

Recrea la imagen de lo que deseas y anhelas conseguir en dentro de cinco años...

Mírate a ti mismo rodeado de amor...

Contémplate feliz... radiante... tranquilo....

Disfrutando la vida....

Visualiza a los seres que amas, están allí contigo

Crea el escenario que desees, deja que tu mente lo haga por ti

Tú estás satisfecho con lo que has logrado

Te sientes muy bien contigo mismo

Ahora vas a tratar de encontrar que te llevó a ese momento, qué estas haciendo, a qué te dedicas... Toma una de esas imágenes en las que estés muy feliz, y grábala en tu mente porque sabes realmente lo que deseas...

Piensa en la vida que anhelas tener en cinco años...

Cuando ya la tengas, toma ésta misma imagen para que puedas recordarla cada vez que quieras... accediendo a este espacio mental almacenado por ti, registrado en tu mente por ti...

Podrás recuperar de ese recuerdo ese mismo sentido de plenitud, de logro, de expansión, de quietud.

Poco a poco tomas conciencia del aquí y del ahora, sintiendo tu cuerpo... mueve tus manos, tus pies,...

Con este ejercicio has visualizado tus anhelos y sueños más profundos, lo que te servirá de guía para iniciar tu recorrido...

Ejercicio

Limpieza del aura y armonización

Primera Parte: Limpieza del Aura

Busca un lugar en el que puedas sentirte relajado y tranquilo. De pie, levanta tus brazos hacia el cielo: visualiza, imagina y siente que estás captando y recibiendo toda la energía universal. Al mismo tiempo, comienza a mover tus piernas en el mismo sitio donde te encuentras (simulando una marcha), todo esto para movilizar la energía de tu cuerpo físico.

Seguidamente, vas a abrir tu campo energético (aura). Para ello vas a extender tus brazos al frente de ti con las palmas de las manos hacia afuera. Vas a mover tus manos extendidas, primero a la altura de la cabeza, después por el corazón y por ultimo la zona del bajo vientre. (Imagina que estás abriendo las cortinas de una ventana que está frente a ti).

Ahora, vas a ir limpiando con tus manos el campo aúrico desde la cabeza hasta los pies mediante un ligero masaje, frotando tu cuerpo, incluyendo la espalda y piernas por detrás hasta donde tus manos alcancen.

Al finalizar, extiende tus manos hacia los lados con las palmas hacia adentro, visualiza, imagina y siente que estas captando esa energía con tus manos y distribúyela por todo tu campo aúrico. (Imagina que estás tomando con tus manos agua del mar y estas bañándote).

Para finalizar, vas a cerrar tu campo energético. Con tu brazo extendido hacia lo alto, y la palma de tu mano sobre el chakra de la coronilla (sobre tu cabeza) y tu otra mano hacia abajo cerrada (en puño) vas a tomar la energía universal y las vas a guardar en tu cuerpo físico. (Esta limpieza del aura puede mantenerse durante dos o tres días).

Segunda Parte: Armonización

Sentado, en una posición cómoda para ti, vas a colocar tus manos con las palmas hacia arriba sobre tus piernas. Cierra suavemente tus ojos y comienza a realizar tres respiraciones profundas, lentas y placenteras.

Con cada inhalación vas a ir soltando las tensiones de tu cuerpo físico y vas a sentirte cada vez más relajado y calmado.

Ahora, imagina y visualiza una escalera frente a ti, comienzas a bajar por esta escalera...

1, 2, 3, 4, 5, 6, 7, 8, 9...

Al finalizar la escalera, hay un tobogán, tú decides seguir adelante, te sientas y te deslizas suavemente, es como si el tiempo se hubiera detenido porque bajas muy lentamente. Cada vez más y más abajo.

Al descender te encuentras en un lugar maravilloso. Un bello jardín, lleno de flores, árboles y animalitos. Comienzas a caminar hasta llegar a una cascada, deseas darte un baño en ese lugar, así que entras a bañarte. El agua de la cascada se introduce en tu cuerpo desde de la cabeza (Es como si entrara ese agua por el chakra de la coronilla).

El agua de la cascada comienza a bajar y llenar tu cuerpo. Se expande por todos tus centros de energía (chakras) de la frente, tu cuello, tu corazón... sigue descendiendo tocando tu columna vertebral y tu bajo vientre.

Del fondo de la cascada comienza a emanar una luz anaranjada, tú la observas y permites que también fluya por tu cuerpo, ahora de manera ascendente comienza a llenar todo tu cuerpo, tocando todos tus puntos de energía.

A nivel de tu corazón, esas dos energías del agua y la luz se mezclan para formar una radiante luz blanca que se expande hacia afuera a través de tu corazón. Siente como esa luz se expande, y se expande y se expande.

Estas irradiando luz. Permanece así durante unos minutos.

Ahora vas a volver a casa, pero antes debes desconectarte de la fuente suprema de energía. Vas a salir de las cascada (el agua ya no toca tu cabeza) y deslizas tu mano derecha sobre la cabeza sin tocarla. Sales del agua por lo que la luz se queda detrás de ti. Te has desconectado de ambas fuentes de energía y sin embargo la luz de tu corazón se mantiene.

Te sientes en un estado de profunda paz y plenitud.

Te subes al tobogán que esta vez va subiendo muy lentamente. Llegas a la escalera y comienzas a subir

9, 8, 7, 6, 5, 4, 3, 2, 1

Tomas conciencia de tu momento presente. Mueve tus manos y tus pies, mueve tu cuerpo. Abre tus ojos.

Indice